Shijet e Indisë

Receta Autentike për Një Shijim Magjik në Kuzhinën Indiane

Priya Sharma

Conteúdo

Murgh Bagan-e-Spring 18
    Conteúdo 18
    Método 19

Frango Manteiga 20
    Conteúdo 20
    Método 21

frango sukha 22
    Conteúdo 22
    Método 23

frango frito indiano 24
    Conteúdo 24
    Método 25

Escaramuça Picante 26
    Conteúdo 26
    Método 26

Frango ao Curry de Coco Seco 27
    Conteúdo 27
    Método 28

frango simples 29
    Conteúdo 29
    Método 30

Frango ao Curry do Sul 31
    Conteúdo 31

Para o tempero: 32
    Método 32
Empadão de Frango ao Leite de Coco 33
    Conteúdo 33
    Método 34
Chandi Tikka 35
    Conteúdo 35
    Método 36
Frango tandoori 37
    Conteúdo 37
    Método 38
Murgh Lajawab 39
    Conteúdo 39
    Método 40
frango lahori 41
    Conteúdo 41
    Método 42
Fígados de galinha 43
    Conteúdo 43
    Método 43
frango balti 44
    Conteúdo 44
    Método 45
frango afiado 46
    Conteúdo 46
    Método 47
frango dilruba 48

Conteúdo	48
Método	49
Asas de Frango Frito	50
Conteúdo	50
Método	50
Murgh Mussalam	51
Conteúdo	51
Método	52
delícia de frango	53
Conteúdo	53
Método	54
Frango Salmão	55
Conteúdo	55
Método	56
frango frito	57
Conteúdo	57
Método	58
procura de frango	59
Conteúdo	59
Método	59
Nadan Kozhikari	60
Conteúdo	60
Método	61
frango da minha mãe	62
Conteúdo	62
Método	63
Frango Methi	64

Conteúdo 64

Método 65

Coxinha De Frango Picante 66

Conteúdo 66

Para a mistura de especiarias: 66

Método 67

Frango ao Curry de Dieter 68

Conteúdo 68

Método 69

frango celestial 70

Conteúdo 70

Para a mistura de especiarias: 70

Método 71

Rizala De Frango 72

Conteúdo 72

Método 73

surpresa de frango 74

Conteúdo 74

Método 75

queijo frango 76

Conteúdo 76

Para a marinada: 76

Método 77

Vitela Korma 78

Conteúdo 78

Para a mistura de especiarias: 78

Método 79

Dhal Khema 80

    Conteúdo 80

    Para a mistura de especiarias: 81

    Método 81

caril de porco 83

    Conteúdo 83

    Para a mistura de especiarias: 83

    Método 84

Kebab de Chicago 85

    Conteúdo 85

    Método 86

Carneiro Especial 88

    Conteúdo 88

    Para a mistura de especiarias: 88

    Método 89

Costeletas de Masala Verde 90

    Conteúdo 90

    Para a mistura de especiarias: 90

    Método 91

kebab em camadas 92

    Conteúdo 92

    Para a camada branca: 92

    Para a camada verde: 92

    Para a camada laranja: 93

    Para a camada de carne: 93

    Método 93

Barrah Campeão 95

Conteúdo 95

Método 96

picles de cordeiro 97

Conteúdo 97

Método 98

Caril de Cordeiro Goês 99

Conteúdo 99

Para a mistura de especiarias: 99

Método 100

Carne de Bagara 101

Conteúdo 101

Para a mistura de especiarias: 101

Método 102

Fígado em Leite de Coco 103

Conteúdo 103

Para a mistura de especiarias: 103

Método 104

Cordeiro Masala com Iogurte 105

Conteúdo 105

Para a mistura de especiarias: 105

Método 106

Korma em Khada Masala 107

Conteúdo 107

Método 108

Caril de Cordeiro e Rim 109

Conteúdo 109

Para a mistura de especiarias: 110

Método	110
Gosht Gulfaam	112
Conteúdo	112
Para o molho:	112
Método	113
Cordeiro Do Pyaaza	114
Conteúdo	114
Método	115
Cordeiro com Legumes	116
Conteúdo	116
Método	117
Caril de Carne com Batatas	118
Conteúdo	118
Método	119
Masala Picante de Cordeiro	120
Conteúdo	120
Método	121
Rogan Josh	122
Conteúdo	122
Método	123
Costelinha de Porco Grelhada	124
Conteúdo	124
Método	124
Carne com Leite de Coco	125
para 4 pessoas	125
Conteúdo	125
Método	126

espetada de porco 127

    Conteúdo 127

    Método 127

carne assada com pimenta 128

    Conteúdo 128

    Método 129

Ovo escocês de carne 130

    Conteúdo 130

    Método 130

Carne Seca Estilo Malabar 131

    Conteúdo 131

    Para a mistura de especiarias: 131

    Método 132

Costeletas de Cordeiro Moghlai 133

    Conteúdo 133

    Método 133

Carne com Quiabo 134

    Conteúdo 134

    Método 135

Baffad de carne 136

    Conteúdo 136

    Método 137

Badami Gosht 138

    Conteúdo 138

    Método 139

Carne frita indiana 140

    Conteúdo 140

Método 141

Costeletas Khatta Pudina 142

    Conteúdo 142

    Método 143

Bife Indiano 144

    Conteúdo 144

    Método 144

Cordeiro ao Molho Verde 145

    Conteúdo 145

    Método 146

Cordeiro Picado Fácil 147

    Conteúdo 147

    Método 147

Porco Sorpotel 148

    Conteúdo 148

    Método 149

picles de cordeiro 150

    Conteúdo 150

    Método 150

haleem 151

    Conteúdo 151

    Método 152

Costeletas de Cordeiro Verde Masala 153

    Conteúdo 153

    Método 154

Fígado de Cordeiro com Fenugreek 155

    Conteúdo 155

- Método 155
- Carne Hussein 157
  - Conteúdo 157
  - Para a mistura de especiarias: 157
  - Método 158
- cordeiro methi 159
  - Conteúdo 159
  - Método 160
- Carne bovina 161
  - Conteúdo 161
  - Para a mistura de especiarias: 161
  - Método 162
- ensopado de cordeiro 163
  - Conteúdo 163
  - Método 163
- Cordeiro aromatizado com cardamomo 165
  - Conteúdo 165
  - Método 166
- cheema 167
  - Conteúdo 167
  - Método 167
- Porco Assado Picante 168
  - Conteúdo 168
  - Para a mistura de especiarias: 168
  - Método 169
- Tandoori Raan 170
  - Conteúdo 170

Método 171
tala cordeiro 172
    Conteúdo 172
    Para a mistura de especiarias: 172
    Método 173
língua frita 174
    Conteúdo 174
    Método 175
Pastel de Cordeiro Frito 176
    Conteúdo 176
    Método 177
Batata Masala com Fígado 178
    Conteúdo 178
    Método 179
Língua de Boi Picante 180
    Conteúdo 180
    Método 181
Cordeiro Pasanda 182
    Conteúdo 182
    Método 182
Caril de Cordeiro e Maçã 183
    Conteúdo 183
    Método 184
Carneiro Seco Estilo Andhra 185
    Conteúdo 185
    Método 185
Caril Simples De Carne 186

Conteúdo 186

Método 186

Gosht Korma 187

Conteúdo 187

Método 188

Costeletas Erachi 189

Conteúdo 189

Método 190

Carne Picada Assada 191

Conteúdo 191

Método 191

Kaleji Do Pyaaza 192

Conteúdo 192

Método 193

cordeiro desossado 194

Conteúdo 194

Método 195

Carne Vindaloo 196

Conteúdo 196

Método 197

Bife com molho curry 198

Conteúdo 198

Método 199

Carneiro com abobrinha 200

Conteúdo 200

Método 201

Gushtaba 202

Conteúdo 202

Método 203

Verduras mistas e carne de carneiro picante 204

Conteúdo 204

Método 205

Cordeiro Limão 206

Conteúdo 206

Método 207

Pasanda de Cordeiro com Amêndoas 208

Conteúdo 208

Método 209

Pimentão assado com linguiça de porco 210

Conteúdo 210

Método 211

Carneiro Shah Jahan 212

Conteúdo 212

Para a mistura de especiarias: 212

Método 213

Curry de Frango Simples 214

Conteúdo 214

Método 215

Curry Frango Azedo 216

Conteúdo 216

Método 217

Anjeer Frango Seco 218

Conteúdo 218

Para a marinada: 218

Método 219
Iogurte De Frango 220
   Conteúdo 220
   Método 221

Murgh Bagan-e-Spring

(coxinha de frango grelhada)

para 4 pessoas

Conteúdo

sal a gosto

1½ colheres de chá de pasta de gengibre

1½ colheres de chá de pasta de alho

1 colher de chá de garam masala

8 pernas de frango

30g / 1oz folhas de hortelã, picadas finamente

2 colheres de sopa de sementes de romã secas

50g/1¾oz iogurte

1 colher de chá de pimenta preta moída

suco de 1 limão

crack masala*gosto

Método

- Misture sal, pasta de gengibre, pasta de alho e garam masala. Corte as baguetes e deixe marinar nesta mistura durante 1 hora.

- Moer os ingredientes restantes juntos, exceto Chaat masala.

- Misture a mistura moída com o frango e deixe por 4 horas.

- Grelhe o frango por 30 minutos. Polvilhe com chaat masala. Duro.

Frango Manteiga

para 4 pessoas

Conteúdo

1 kg/2¼lb de frango, cortado em 12 pedaços

sal a gosto

1 colher de chá de cúrcuma

suco de 1 limão

4 colheres de manteiga

3 cebolas grandes, bem picadas

1 colher de chá de pasta de gengibre

1 colher de chá de pasta de alho

1 colher de sopa de coentro moído

4 tomates grandes, amassados

125 gr de iogurte

Método

- Marinar o frango em sal, açafrão e suco de limão por uma hora.

- Aqueça a manteiga em uma panela. Adicione as cebolas e frite até ficarem translúcidas.

- Adicione a pasta de gengibre, a pasta de alho e os coentros moídos. Frite por 5 minutos em fogo médio.

- Adicione o frango marinado. Frite por 5 minutos. Adicione o extrato de tomate e o iogurte. Cubra com uma tampa e cozinhe por 35 minutos. Servir quente.

frango sukha

(frango seco)

para 4 pessoas

Conteúdo

2 colheres de sopa de óleo vegetal refinado

4 cebolas grandes, bem picadas

1 kg/2¼lb de frango, cortado em 12 pedaços

4 tomates, finamente picados

1 colher de chá de cúrcuma

2 pimentões verdes, fatiados

8 dentes de alho, esmagados

5 cm / 2 polegadas raiz de gengibre, ralado

2 colheres de sopa de garam masala

2 cubos de caldo de galinha

sal a gosto

50g/1¾oz folhas de coentro, picadas

Método

- Aqueça o óleo em uma panela. Frite as cebolas em fogo médio até ficarem rosadas. Adicione os ingredientes restantes, exceto as folhas de coentro.

- Misture bem e cozinhe em fogo baixo por 40 minutos, mexendo de vez em quando.

- Decore com folhas de coentro. Servir quente.

frango frito indiano

para 4 pessoas

Conteúdo

1kg/2¼lb de frango

1 colher de sopa de suco de limão

sal a gosto

2 cebolas grandes

2,5 cm / 1 polegada raiz de gengibre

4 dentes de alho

3 cravos

3 vagens de cardamomo verde

5 cm/2 polegadas de canela

4 colheres de sopa de óleo vegetal refinado

200g de farinha de rosca

2 maçãs, picadas

4 ovos cozidos picados

Método

- Marinar o frango com suco de limão e sal por 1 hora.

- Moer cebola, gengibre, alho, cravo, cardamomo e canela com água suficiente para formar uma pasta lisa.

- Aqueça o óleo em uma panela. Adicione o extrato de tomate e frite em fogo baixo por 7 minutos. Adicione a farinha de rosca, as maçãs e o sal. Cozinhe por 3-4 minutos.

- Recheie o frango com esta mistura e asse em forno a 230°C (450°F, Gas Mark 8) por 40 minutos. Decore com ovos. Servir quente.

Escaramuça Picante

para 4 pessoas

Conteúdo

3 colheres de sopa de óleo vegetal refinado

750g/1lb 10oz salsicha de frango, fatiada

4 pimentões verdes cortados em juliana

1 colher de chá de páprica

2 colheres de chá de cominho moído

10 dentes de alho bem picados

3 tomates, esquartejados

4 colheres de sopa de água fria

½ colher de chá de pimenta moída na hora

sal a gosto

4 ovos, ligeiramente batidos

Método

- Aqueça o óleo em uma panela. Adicione as linguiças e frite em fogo médio até dourar. Adicione todos os ingredientes restantes, exceto os ovos. Misture bem. Cozinhe em fogo baixo por 8-10 minutos.

- Adicione lentamente os ovos e bata até que os ovos estejam prontos. Servir quente.

Frango ao Curry de Coco Seco

para 4 pessoas

Conteúdo

1 kg/2¼lb de frango, cortado em 12 pedaços

sal a gosto

Suco de meio limão

1 cebola grande, fatiada

4 colheres de coco ralado

1 colher de chá de cúrcuma

8 dentes de alho

2,5 cm / 1 polegada raiz de gengibre

½ colher de chá de sementes de funcho

1 colher de chá de garam masala

1 colher de chá de sementes de papoila

4 colheres de sopa de óleo vegetal refinado

500ml/16fl onça de água

Método

- Marinar o frango com sal e suco de limão por 30 minutos.

- Frite a cebola e a noz-moscada por 5 minutos.

- Misture com todos os ingredientes restantes, exceto óleo e água. Moer com água suficiente para formar uma pasta lisa.

- Aqueça o óleo em uma panela. Adicione o extrato de tomate e frite em fogo baixo por 7-8 minutos. Adicione o frango e a água. Ferva por 40 minutos. Servir quente.

frango simples

para 4 pessoas

Conteúdo

1kg/2¼lb de frango, cortado em 8 pedaços

sal a gosto

1 colher de chá de páprica

½ colher de chá de açafrão

3 colheres de sopa de óleo vegetal refinado

2 cebolas grandes, em fatias finas

1 colher de chá de pasta de gengibre

1 colher de chá de pasta de alho

4-5 pimentas vermelhas inteiras, sementes removidas

4 tomates pequenos bem picados

1 colher de sopa de garam masala

250ml/8 fl onça de água

Método

- Marinar o frango por 1 hora com sal, pimenta e páprica.

- Aqueça o óleo em uma panela. Adicione as cebolas e frite até dourar em fogo médio. Adicione a pasta de gengibre e a pasta de alho. Frite por 1 minuto.

- Adicione o frango marinado e os demais ingredientes. Misture bem. Cubra com uma tampa e cozinhe por 40 minutos. Servir quente.

Frango ao Curry do Sul

para 4 pessoas

Conteúdo

1 colher de chá de pasta de gengibre

1 colher de chá de pasta de alho

2 pimentões verdes, finamente picados

1 colher de chá de suco de limão

sal a gosto

1 kg/2¼lb de frango, cortado em 10 pedaços

3 colheres de sopa de óleo vegetal refinado

2,5 cm/1 polegada de canela

3 vagens de cardamomo verde

3 cravos

1 anis estrelado

2 folhas de louro

3 cebolas grandes, bem picadas

½ colher de chá de pimenta moída

½ colher de chá de açafrão

1 colher de sopa de coentro moído

250ml/8 fl oz leite de coco

Para o tempero:

½ colher de chá de sementes de mostarda

8 folhas de caril

3 pimentões vermelhos secos inteiros

Método

- Misture a pasta de gengibre, pasta de alho, pimenta verde, suco de limão e sal. Marinar o frango com esta mistura durante 30 minutos.

- Aqueça metade do óleo em uma panela. Adicione a canela, o cardamomo, os cravinhos, o anis estrelado e as folhas de louro. Deixe-os cuspir por 30 segundos.

- Adicione as cebolas e frite em fogo médio até que fiquem rosadas.

- Adicione o frango marinado, flocos de pimenta, açafrão e coentro moído. Misture bem e cubra com uma tampa. Cozinhe em fogo baixo por 20 minutos.

- Adicione o leite de coco. Misture bem e cozinhe por mais 10 minutos, mexendo sempre. Coloque-o de lado.

- Aqueça o óleo restante em uma panela pequena. Adicione os ingredientes do tempero. Deixe-os cuspir por 30 segundos.

- Despeje este tempero no curry de frango. Misture bem e sirva quente.

Empadão de Frango ao Leite de Coco

para 4 pessoas

Conteúdo

2 colheres de sopa de óleo vegetal refinado

2 cebolas, cada uma cortada em 8 pedaços

1 colher de chá de pasta de gengibre

1 colher de chá de pasta de alho

3 pimentões verdes cortados no sentido do comprimento

2 colheres de sopa de garam masala

8 pernas de frango

750ml/1¼ litro de leite de coco

200g / 7oz vegetais mistos congelados

sal a gosto

2 colheres de chá de farinha de arroz dissolvida em 120ml/4 fl oz de água

Método

- Aqueça o óleo em uma panela. Adicione a cebola, a pasta de gengibre, a pasta de alho, o pimentão verde e o garam masala. Frite por 5 minutos mexendo sempre.

- Adicione as baguetes e o leite de coco. Misture bem. Ferva por 20 minutos.

- Adicione os legumes e o sal. Misture bem e cozinhe por 15 minutos.

- Adicione a mistura de farinha de arroz. Deixe em infusão por 5-10 minutos e sirva quente.

Chandi Tikka

(Pedaços de Frango Frito Cobertos com Farinha de Aveia)

para 4 pessoas

Conteúdo

1 colher de sopa de suco de limão

1 colher de chá de pasta de gengibre

1 colher de chá de pasta de alho

75 g/2 ½ onças de queijo Cheddar

200g de iogurte

¾ colher de chá de pimenta branca moída

1 colher de chá de sementes de cominho preto

sal a gosto

4 peitos de frango

1 ovo, batido

45g de aveia

Método

- Misture todos os ingredientes, exceto o peito de frango, os ovos e a farinha de aveia. Marinar o frango com esta mistura por 3-4 horas.

- Mergulhe os peitos de frango marinados no ovo, mergulhe na farinha de aveia e grelhe por uma hora, virando de vez em quando. Servir quente.

Frango tandoori

para 4 pessoas

Conteúdo

1 colher de sopa de suco de limão

2 colheres de chá de pasta de gengibre

2 colheres de chá de pasta de alho

2 pimentões verdes, finamente ralados

1 colher de sopa de folhas de coentro, moídas

1 colher de chá de páprica

1 colher de sopa de garam masala

1 colher de sopa de mamão cru moído

½ colher de chá de corante alimentício laranja

1½ colheres de sopa de óleo vegetal refinado

sal a gosto

1kg/2¼lb frango inteiro

Método

- Misture todos os ingredientes menos o frango. Faça cortes no frango e deixe marinar nesta mistura por 6-8 horas.

- Asse o frango em forno a 200°C (400°F, Gas Mark 6) por 40 minutos. Servir quente.

Murgh Lajawab

(Frango Cozido com Ricas Especiarias Indianas)

para 4 pessoas

Conteúdo

1 kg/2¼lb de frango, cortado em 8 pedaços 1 colher de chá de pasta de gengibre

1 colher de chá de pasta de alho

4 colheres de manteiga

2 colheres de chá de sementes de papoula, moídas

1 colher de chá de sementes de melão*, chão

6 amêndoas

3 vagens de cardamomo verde

¼ colher de chá de noz-moscada moída

1 colher de chá de garam masala

2 botões

sal a gosto

750ml/1¼ litro de leite

6 fios de açafrão

Método

- Marinar o frango com pasta de gengibre e pasta de alho por uma hora.

- Aqueça a manteiga em uma panela e frite o frango marinado por 10 minutos em fogo médio.

- Adicione todos os ingredientes restantes, exceto o leite e o açafrão. Misture bem, cubra com uma tampa e cozinhe por 20 minutos.

- Adicione o leite e o açafrão e cozinhe por 10 minutos. Servir quente.

frango lahori

(frango ao estilo da fronteira noroeste)

para 4 pessoas

Conteúdo

50g/1¾oz iogurte

1 colher de chá de pasta de gengibre

1 colher de chá de pasta de alho

1 colher de chá de páprica

½ colher de chá de açafrão

1 kg/2¼lb de frango, cortado em 12 pedaços

4 colheres de sopa de óleo vegetal refinado

2 cebolas grandes, bem picadas

1 colher de chá de gergelim, moído

1 colher de chá de sementes de papoula, moídas

10 castanhas de caju moídas

2 pimentões verdes grandes, sem sementes e finamente picados

500ml/16fl oz leite de coco

sal a gosto

Método

- Misture iogurte, pasta de gengibre, pasta de alho, pimenta vermelha em pó e açafrão. Marinar o frango com esta mistura durante 1 hora.

- Aqueça o óleo em uma panela. Frite as cebolas em fogo baixo até dourar.

- Adicione o frango marinado. Frite por 7-8 minutos. Adicione todos os ingredientes restantes e cozinhe por 30 minutos, mexendo ocasionalmente. Servir quente.

Fígados de galinha

para 4 pessoas

Conteúdo

3 colheres de sopa de óleo vegetal refinado

2 cebolas grandes, em fatias finas

5 dentes de alho, picados

8 fígados de galinha

1 colher de chá de pimenta preta moída

1 colher de chá de suco de limão

sal a gosto

Método

- Aqueça o óleo em uma panela. Adicione a cebola e o alho. Frite por 3-4 minutos em fogo médio.

- Adicione todos os ingredientes restantes. Frite por 15-20 minutos, mexendo ocasionalmente. Servir quente.

frango balti

para 4 pessoas

Conteúdo

4 colheres de manteiga

1 colher de chá de cúrcuma

1 colher de sopa de sementes de mostarda

1 colher de sopa de sementes de cominho

8 dentes de alho bem picados

Raiz de gengibre de 2,5 cm/1 polegada, finamente picada

3 cebolas pequenas, bem picadas

7 pimentões verdes

750g/1lb 10 onças de peito de frango, picado

1 colher de sopa de coentro moído

1 colher de sopa de creme simples

1 colher de chá de garam masala

sal a gosto

Método

- Aqueça o óleo em uma panela. Adicione a cúrcuma, as sementes de mostarda e as sementes de cominho. Deixe-os cuspir por 30 segundos. Adicione o alho, gengibre, cebola e pimentão verde e frite por 2-3 minutos em fogo médio.

- Adicione todos os ingredientes restantes. Cozinhe em fogo baixo por 30 minutos, mexendo de vez em quando. Servir quente.

frango afiado

para 4 pessoas

Conteúdo

8 pernas de frango

2 colheres de chá de molho de pimenta verde

2 colheres de sopa de óleo vegetal refinado

2 cebolas grandes, em fatias finas

10 dentes de alho bem picados

sal a gosto

uma pitada de açúcar

2 colheres de chá de vinagre de malte

Método

- Marinar frango em molho quente por 30 minutos.

- Aqueça o óleo em uma panela. Adicione as cebolas e frite em fogo médio até ficarem translúcidas.

- Adicione o alho, o frango marinado e o sal. Misture bem e cozinhe em fogo baixo por 30 minutos, mexendo de vez em quando.

- Adicione o açúcar e o vinagre. Misture bem e sirva quente.

frango dilruba

(Frango ao Molho Rico)

para 4 pessoas

Conteúdo

5 colheres de sopa de óleo vegetal refinado

20 amêndoas moídas

20 castanhas de caju moídas

2 cebolas pequenas, picadas

5 cm / 2 polegadas raiz de gengibre, ralado

1kg/2¼lb de frango, cortado em 8 pedaços

200g de iogurte

240ml/6 fl onça de leite

1 colher de chá de garam masala

½ colher de chá de açafrão

1 colher de chá de páprica

sal a gosto

1 pitada de açafrão embebido em 1 colher de sopa de leite

2 colheres de sopa de folhas de coentro, picadas

Método

- Aqueça o óleo em uma panela. Adicione as amêndoas, castanha de caju, cebola e gengibre. Frite em fogo médio por 3 minutos.

- Adicione o frango e o iogurte. Misture bem e cozinhe em fogo médio por 20 minutos.

- Adicione o leite, garam masala, açafrão, pimenta em pó e sal. Misture bem. Cubra com uma tampa e cozinhe em fogo baixo por 20 minutos.

- Decore com açafrão e folhas de coentro. Servir quente.

Asas de Frango Frito

para 4 pessoas

Conteúdo

¼ colher de chá de açafrão

1 colher de chá de garam masala

1 colher de chaat masala*

sal a gosto

1 ovo, batido

Óleo vegetal refinado para fritar

12 asas de frango

Método

- Misture açafrão, garam masala, chaat masala, sal e ovo para fazer uma pasta lisa.

- Aqueça o óleo em uma panela. Mergulhe as asas de frango nesta mistura e frite em fogo médio até dourar.

- Escorra em papel absorvente e sirva quente.

Murgh Mussalam

(frango recheado)

Serviço 6

Conteúdo

2 colheres de manteiga

2 cebolas grandes, raladas

4 vagens de cardamomo preto, moídas

1 colher de chá de sementes de papoila

50g/1¾oz coco ralado

1 colher de chá de maça

1kg/2¼lb de frango

4-5 colheres de sopa de melaço*

2-3 folhas de louro

6-7 vagens de cardamomo verde

3 colheres de chá de pasta de alho

200g de iogurte

sal a gosto

Método

- Aqueça ½ colher de sopa de manteiga em uma panela. Adicione as cebolas e frite até dourar.

- Adicione o cardamomo, sementes de papoula, noz-moscada e macis. Frite por 3 minutos.

- Recheie o frango com esta mistura e costure a abertura. Coloque-o de lado.

- Aqueça o óleo restante em uma panela. Adicione todos os ingredientes restantes e o frango. Cozinhe por 1 hora e meia, mexendo de vez em quando. Servir quente.

delícia de frango

para 4 pessoas

Conteúdo

4 colheres de sopa de óleo vegetal refinado

5cm / 2in de canela em pó

1 colher de sopa de cardamomo em pó

8 cravos

½ colher de chá de coco ralado

2 cebolas grandes, moídas

10 dentes de alho, esmagados

Raiz de gengibre de 2,5 cm/1 polegada, ralada

sal a gosto

1kg/2¼lb de frango, cortado em 8 pedaços

200g de iogurte

300g/10oz purê de tomate

Método

- Aqueça o óleo em uma panela. Adicione a canela, cardamomo, cravo, noz-moscada, cebola, alho e gengibre. Frite por 5 minutos em fogo médio.

- Adicione sal, frango, iogurte e purê de tomate. Misture bem e cozinhe por 40 minutos, mexendo sempre. Servir quente.

Frango Salmão

(frango com batata chips)

para 4 pessoas

Conteúdo

sal a gosto

1 colher de chá de pasta de gengibre

1 colher de chá de pasta de alho

1kg/2¼lb de frango picado

3 colheres de sopa de óleo vegetal refinado

2 cebolas grandes, bem picadas

1 colher de chá de açúcar

4 tomates, amassados

1 colher de chá de cúrcuma

250 g/9 onças de batatas fritas salgadas simples

Método

- Misture o sal, a pasta de gengibre e a pasta de alho. Marinar o frango com esta mistura durante 1 hora. Coloque-o de lado.

- Aqueça o óleo em uma panela. Frite as cebolas em fogo baixo até dourar.

- Adicione o frango marinado e o açúcar, o purê de tomate e o açafrão. Cubra com uma tampa e cozinhe por 40 minutos, mexendo sempre.

- Polvilhe com batatas fritas e sirva quente.

frango frito

para 4 pessoas

Conteúdo

1 kg/2¼lb de frango desossado, picado

1 litro / 1¾ litro de leite

1 colher de chá de açafrão

8 vagens de cardamomo verde

5 cravos

2,5 cm/1 polegada de canela

2 folhas de louro

250g/9 onças de arroz Basmati

4 colheres de chá de sementes de funcho

sal a gosto

150g de iogurte

Óleo vegetal refinado para fritar

Método

- Misture o frango com o leite, o açafrão, o cardamomo, o cravo, a canela e o louro. Cozinhe em uma panela em fogo baixo por 50 minutos. Coloque-o de lado.

- Moer o arroz em uma pasta fina com as sementes de erva-doce, sal e bastante água. Adicione esta pasta ao iogurte e bata bem.

- Aqueça o óleo em uma panela. Mergulhe os pedaços de frango na mistura de iogurte e frite em fogo médio até dourar. Servir quente.

procura de frango

para 4 pessoas

Conteúdo

500g/1lb 2oz frango, picado

10 dentes de alho, picados

Raiz de gengibre de 5 cm/2 polegadas, cortada em juliana

2 pimentões verdes, finamente picados

½ colher de chá de sementes de cominho preto

sal a gosto

Método

- Misture a carne picada com todos os ingredientes e amasse até formar uma pasta lisa. Divida esta mistura em 8 partes iguais.

- Espete e grelhe por 10 minutos.

- Sirva quente com molho de hortelã

Nadan Kozhikari

(Frango com Funcho e Leite de Coco)

para 4 pessoas

Conteúdo

½ colher de chá de açafrão

2 colheres de chá de pasta de gengibre

sal a gosto

1kg/2¼lb de frango, cortado em 8 pedaços

1 colher de sopa de sementes de coentro

3 pimentões vermelhos

1 colher de chá de sementes de funcho

1 colher de chá de sementes de mostarda

3 cebolas grandes

3 colheres de sopa de óleo vegetal refinado

750ml/1¼ litro de leite de coco

250ml/8 fl onça de água

10 folhas de caril

Método

- Misture açafrão, pasta de gengibre e sal por 1 hora. Marinar o frango com esta mistura durante 1 hora.

- Sementes de coentros assados, páprica, sementes de funcho e sementes de mostarda. Misture com a cebola e faça uma pasta lisa.

- Aqueça o óleo em uma panela. Adicione a pasta de cebola e frite em fogo baixo por 7 minutos. Adicione o frango marinado, o leite de coco e a água. Ferva por 40 minutos. Sirva decorado com folhas de curry.

frango da minha mãe

para 4 pessoas

Conteúdo

3 colheres de sopa de óleo vegetal refinado

5 cm/2 polegadas de canela

2 vagens de cardamomo verde

4 cravos

4 cebolas grandes, bem picadas

Raiz de gengibre de 2,5 cm/1 polegada, ralada

8 dentes de alho, esmagados

3 tomates grandes bem picados

2 colheres de chá de coentro moído

1 colher de chá de cúrcuma

sal a gosto

1 kg/2¼lb de frango, cortado em 12 pedaços

500ml/16fl onça de água

Método

- Aqueça o óleo em uma panela. Adicione a canela, o cardamomo e os cravos. Deixe-os se dispersar por 15 segundos.
- Adicione a cebola, o gengibre e o alho. Frite em fogo médio por 2 minutos.
- Adicione os ingredientes restantes, exceto a água. Frite por 5 minutos.
- Despeje na água. Misture bem e cozinhe por 40 minutos. Servir quente.

Frango Methi

(Frango cozido com folhas de feno-grego)

para 4 pessoas

Conteúdo

1 colher de chá de pasta de gengibre

2 colheres de chá de pasta de alho

2 colheres de chá de coentro moído

½ colher de chá de cravo moído

suco de 1 limão

1kg/2¼lb de frango, cortado em 8 pedaços

4 colheres de chá de manteiga

1 colher de chá de pó de gengibre seco

2 colheres de sopa de folhas secas de coentro

50g/1¾oz folhas de coentro, picadas

10g/¼oz de folhas de hortelã, picadas finamente

sal a gosto

Método

- Misture a pasta de gengibre, pasta de alho, coentro moído, cravo e metade do suco de limão. Marinar o frango com esta mistura durante 2 horas.
- Asse em forno a 200°C (400°F, Gas Mark 6) por 50 minutos. Coloque-o de lado.
- Aqueça a manteiga em uma panela. Adicione o frango assado e todos os ingredientes restantes. Bom cavalo. Cozinhe por 5-6 minutos e sirva quente.

Coxinha De Frango Picante

para 4 pessoas

Conteúdo

8-10 coxas de frango, perfuradas com um garfo

2 ovos, mexidos

100g/3½ onças de sêmola

Óleo vegetal refinado para fritar

Para a mistura de especiarias:

6 pimentões vermelhos

6 dentes de alho

2,5 cm / 1 polegada raiz de gengibre

1 colher de sopa de folhas de coentro, picadas

6 cravos

15 pimenta preta

sal a gosto

4 colheres de sopa de vinagre de malte

Método

- Misture os ingredientes para a mistura de especiarias em uma pasta lisa. Marinar as coxas com esta pasta por cerca de uma hora.
- Aqueça o óleo em uma panela. Mergulhe as baguetes no ovo, mergulhe na semolina e frite em fogo médio até dourar. Servir quente.

Frango ao Curry de Dieter

para 4 pessoas

Conteúdo

1 colher de chá de pasta de gengibre

1 colher de chá de pasta de alho

200g de iogurte

1 colher de chá de páprica

½ colher de chá de açafrão

2 tomates, bem picados

1 colher de chá de coentro moído

1 colher de chá de cominho moído

1 colher de chá de folhas secas de feno-grego, esmagadas

2 colheres de chá de garam masala

1 colher de chá de picles de manga

sal a gosto

750g/1lb 10oz frango, picado

Método
- Misture todos os ingredientes menos o frango. Marinar o frango com esta mistura durante 3 horas.
- Cozinhe a mistura em uma panela ou caçarola de barro em fogo baixo por 40 minutos. Adicione água se necessário. Servir quente.

frango celestial

para 4 pessoas

Conteúdo

4 colheres de sopa de óleo vegetal refinado

1kg/2¼lb de frango, cortado em 8 pedaços

sal a gosto

1 colher de chá de pimenta

1 colher de chá de cúrcuma

6 cebolinhas, bem picadas

250ml/8 fl onça de água

Para a mistura de especiarias:

1½ colheres de chá de pasta de gengibre

1½ colheres de chá de pasta de alho

3 pimentões verdes, sem caroço e fatiados

2 pimentões verdes

½ coco fresco, ralado

2 tomates, bem picados

Método

- Moer os ingredientes da mistura de especiarias em uma pasta lisa.
- Aqueça o óleo em uma panela. Adicione o extrato de tomate e frite em fogo baixo por 7 minutos. Adicione os ingredientes restantes, exceto a água. Frite por 5 minutos. Adicione a água. Misture bem e cozinhe por 40 minutos. Servir quente.

Rizala De Frango

para 4 pessoas

Conteúdo

6 colheres de sopa de óleo vegetal refinado

2 cebolas grandes cortadas no sentido do comprimento

1 colher de chá de pasta de gengibre

1 colher de chá de pasta de alho

2 colheres de sopa de sementes de papoula, moídas

1 colher de sopa de coentro moído

2 pimentões verdes grandes, cortados em juliana

360ml/12fl oz água

1kg/2¼lb de frango, cortado em 8 pedaços

6 vagens de cardamomo verde

5 cravos

200g de iogurte

1 colher de chá de garam masala

suco de 1 limão

sal a gosto

Método

- Aqueça o óleo em uma panela. Adicione a cebola, a pasta de gengibre, a pasta de alho, as sementes de papoila e os coentros moídos. Frite em fogo baixo por 2 minutos.
- Adicione todos os ingredientes restantes e misture bem. Cubra com uma tampa e cozinhe por 40 minutos, mexendo de vez em quando. Servir quente.

surpresa de frango

para 4 pessoas

Conteúdo

150g/5½oz folhas de coentro, picadas

10 dentes de alho

2,5 cm / 1 polegada raiz de gengibre

1 colher de chá de garam masala

1 colher de sopa de pasta de tamarindo

2 colheres de chá de sementes de cominho

1 colher de chá de cúrcuma

4 colheres de sopa de água

sal a gosto

1kg/2¼lb de frango, cortado em 8 pedaços

Óleo vegetal refinado para fritar

2 ovos, mexidos

Método

- Misture todos os ingredientes, exceto frango, óleo e ovos em uma pasta lisa. Marinar o frango com esta pasta por 2 horas.
- Aqueça o óleo em uma panela. Mergulhe cada pedaço de frango no ovo e frite em fogo médio até dourar. Servir quente.

queijo frango

para 4 pessoas

Conteúdo

12 pernas de frango

4 colheres de manteiga

1 colher de chá de pasta de gengibre

1 colher de chá de pasta de alho

2 cebolas grandes, bem picadas

1 colher de chá de garam masala

sal a gosto

200g de iogurte

Para a marinada:

1 colher de chá de pasta de gengibre

1 colher de chá de pasta de alho

1 colher de sopa de suco de limão

¼ colher de chá de garam masala

4 colheres de creme de leite

4 colheres de sopa de queijo cheddar, ralado

sal a gosto

Método

- Perfure todas as baguetes com um garfo. Misture todos os ingredientes da marinada. Marinar as coxas com esta mistura por 8-10 horas.
- Aqueça a manteiga em uma panela. Adicione a pasta de gengibre e a pasta de alho. Frite por 1-2 minutos em fogo médio. Adicione todos os ingredientes restantes, exceto o iogurte. Frite por 5 minutos.
- Adicione as baguetes e o iogurte. Ferva por 40 minutos. Servir quente.

Vitela Korma

(Carne Cozida em Molho Picante)

para 4 pessoas

Conteúdo

4 colheres de sopa de óleo vegetal refinado

2 cebolas grandes, bem picadas

675g/1½lb de carne bovina, cortada em pedaços de 2,5cm/1 polegada

360ml/12fl oz água

½ colher de chá de canela em pó

120ml/4 fl oz creme simples

125 gr de iogurte

1 colher de chá de garam masala

sal a gosto

10g/¼oz de folhas de coentro, finamente picadas

Para a mistura de especiarias:

1½ colheres de sopa de sementes de coentro

¾ colher de sopa de sementes de cominho

3 vagens de cardamomo verde

4 pimentas pretas

6 cravos

2,5 cm / 1 polegada raiz de gengibre

10 dentes de alho

15 amêndoas

Método

- Misture todos os ingredientes da mistura de especiarias e triture-os com água suficiente para formar uma pasta lisa. Coloque-o de lado.
- Aqueça o óleo em uma panela. Adicione as cebolas e frite em fogo médio até que fiquem rosadas.
- Adicione a pasta de mistura de especiarias e a carne. Frite por 2-3 minutos. Adicione a água. Misture bem e cozinhe por 45 minutos.
- Adicione canela em pó, creme, iogurte, garam masala e sal. Misture bem por 3-4 minutos.
- Decore o korma de vitela com folhas de coentros. Servir quente.

Dhal Khema

(lentilhas picadas)

para 4 pessoas

Conteúdo

675g/1½lb de cordeiro picado

1 colher de chá de pasta de gengibre

1 colher de chá de pasta de alho

3 cebolas grandes, bem picadas

360ml/12fl oz água

sal a gosto

600g/1lb 5oz chana dhal*, embebido em 250 ml/8 fl oz de água por 30 minutos

½ colher de chá de pasta de tamarindo

60ml/2fl oz óleo vegetal refinado

4 cravos

2,5 cm/1 polegada de canela

2 vagens de cardamomo verde

4 pimentas pretas

10g/¼oz de folhas de coentro, finamente picadas

Para a mistura de especiarias:

2 colheres de chá de sementes de coentro

3 pimentões vermelhos

½ colher de chá de açafrão

¼ colher de chá de sementes de cominho

25 g/menos 1 onça de coco fresco, ralado

1 colher de chá de sementes de papoila

Método

- Seque todos os ingredientes da mistura de especiarias. Moer esta mistura com água suficiente para formar uma pasta lisa. Coloque-o de lado.
- Misture o cordeiro moído com pasta de gengibre, pasta de alho, metade da cebola, água restante e sal. Cozinhe em uma panela em fogo médio por 40 minutos.
- Adicione o chana dhal junto com a água em que foi embebido. Misture bem. Ferva por 10 minutos.
- Adicione a pasta de mistura de especiarias e a pasta de tamarindo. Cubra com uma tampa e cozinhe por 10 minutos, mexendo de vez em quando. Coloque-o de lado.
- Aqueça o óleo em uma panela. Adicione as cebolas restantes e frite em fogo médio até ficarem rosadas.
- Adicione os cravos, a canela, o cardamomo e a pimenta-do-reino. Frite por um minuto.
- Retire do fogo e despeje diretamente sobre a mistura de carne moída e dhal. Misture bem por um minuto.
- Decore dhal kheema com folhas de coentro. Servir quente.

caril de porco

para 4 pessoas

Conteúdo

500g/1lb 2oz de carne de porco, cortada em pedaços de 2,5cm/1in

1 colher de sopa de vinagre de malte

6 folhas de caril

2,5 cm/1 polegada de canela

3 cravos

500ml/16fl onça de água

sal a gosto

2 batatas grandes picadas

3 colheres de sopa de óleo vegetal refinado

1 colher de chá de garam masala

Para a mistura de especiarias:

1 colher de sopa de sementes de coentro

1 colher de chá de sementes de cominho

6 pimentas pretas

½ colher de chá de açafrão

4 pimentões vermelhos

2 cebolas grandes, bem picadas

Raiz de gengibre de 2,5 cm/1 polegada, fatiada

10 dentes de alho, fatiados

½ colher de chá de pasta de tamarindo

Método

- Para a mistura de especiarias, misture todos os ingredientes. Moer com água suficiente para formar uma pasta lisa. Coloque-o de lado.
- Misture a carne de porco com vinagre, folhas de curry, canela, cravo, água e sal. Cozinhe esta mistura em uma panela em fogo médio por 40 minutos.
- Adicione as batatas. Misture bem e cozinhe por 10 minutos. Coloque-o de lado.
- Aqueça o óleo em uma panela. Adicione a pasta de mistura de especiarias e frite por 3-4 minutos em fogo médio.
- Adicione a mistura de carne de porco e garam masala. Misture bem. Cubra com uma tampa e cozinhe por 10 minutos, mexendo de vez em quando.
- Servir quente.

Kebab de Chicago

(kebab de cordeiro)

para 4 pessoas

Conteúdo

3 cebolas grandes

8 dentes de alho

2,5 cm / 1 polegada raiz de gengibre

6 pimentões vermelhos secos

4 colheres de sopa de manteiga mais extra para fritar

1 colher de chá de cúrcuma

1 colher de chá de coentro moído

½ colher de chá de cominho moído

10 amêndoas moídas

10 amendoins moídos

1 colher de chá de garam masala

Uma pitada de canela em pó

1 colher de sopa de cravo moído

1 colher de sopa de cardamomo verde moído

2 colheres de sopa de leite de coco

sal a gosto

1 colher de sopa de ervilha*

750 g/1 lb 10 oz cordeiro, picado

200g/7oz iogurte grego

1 colher de sopa de folhas de hortelã, bem picadas

Método

- Misture a cebola, o alho, o gengibre e o pimentão.
- Moer esta mistura com água suficiente para formar uma pasta lisa.
- Aqueça o óleo em uma panela. Adicione esta pasta de tomate e frite por 1-2 minutos em fogo médio.
- Adicione açafrão, coentro moído e cominho moído. Frite por um minuto.
- Adicione amêndoas moídas, pistache moído, garam masala, canela em pó, cravo moído e cardamomo. Continue fritando por 2-3 minutos.
- Adicione o leite de coco e o sal. Misture bem. Misture por 5 minutos.
- Adicione o besan e a carne moída. Misture bem. Cozinhe por 30 minutos, mexendo de vez em quando. Retire do fogo e deixe esfriar por 10 minutos.
- Depois que a mistura de carne moída esfriar, divida-a em 8 bolas e forme cada uma em uma costeleta. Coloque-o de lado.

- Bata bem o iogurte com as folhas de hortelã. Coloque uma colher grande desta mistura no centro de cada costeleta achatada. Feche-o como uma bolsa, enrole-o em uma bola e alise-o novamente.
- Aqueça o óleo em uma panela. Adicione as costeletas e frite em fogo médio até dourar. Servir quente.

Carneiro Especial

para 4 pessoas

Conteúdo

5 colheres de manteiga

4 cebolas grandes, fatiadas

2 tomates, fatiados

675g/1½lb de carneiro, cortado em pedaços de 3,5cm/1½in

1 litro/1¾ pint de água

sal a gosto

Para a mistura de especiarias:

10 dentes de alho

3 pimentões verdes

Raiz de gengibre de 3,5 cm/1½ polegada

4 cravos

2,5 cm/1 polegada de canela

1 colher de sopa de sementes de papoila

1 colher de chá de sementes de cominho preto

1 colher de chá de sementes de cominho

2 vagens de cardamomo verde

2 colheres de sopa de sementes de coentro

7 pimentas pretas

5 pimentões vermelhos secos

1 colher de chá de cúrcuma

1 colher de sopa de chana dhal*

25 g/menos 1 onça de folhas de hortelã

25g/suficiente 1 oz de folhas de coentro

100g/3½oz de coco fresco, ralado

Método

- Misture todos os ingredientes da mistura de especiarias e moa com água suficiente para formar uma pasta lisa. Coloque-o de lado.
- Aqueça o óleo em uma panela. Adicione as cebolas e frite em fogo médio até que fiquem rosadas.
- Adicione a pasta de mistura de especiarias. Frite por 3-4 minutos, mexendo ocasionalmente.
- Adicione os tomates e o carneiro. Frite por 8-10 minutos. Adicione a água e o sal. Misture bem, tampe e cozinhe por 45 minutos, mexendo de vez em quando. Servir quente.

Costeletas de Masala Verde

para 4 pessoas

Conteúdo

750 g/1 lb 10 onças Costeletas de carneiro

sal a gosto

360ml/12fl oz óleo vegetal refinado

3 batatas grandes cortadas em rodelas

5 cm/2 polegadas de canela

2 vagens de cardamomo verde

4 cravos

3 tomates, finamente picados

¼ colher de chá de açafrão

120ml/4 fl onça de vinagre

250ml/8 fl onça de água

Para a mistura de especiarias:

3 cebolas grandes

2,5 cm / 1 polegada raiz de gengibre

10-12 dentes de alho

¼ colher de chá de sementes de cominho

6 pimentões verdes, cortados longitudinalmente

1 colher de chá de sementes de coentro

1 colher de chá de sementes de cominho

50 g de folhas de coentro bem picadas

Método

- Marinar a carne com sal por uma hora.
- Misture todos os ingredientes da mistura de especiarias. Moer com água suficiente para formar uma pasta lisa. Coloque-o de lado.
- Aqueça metade do óleo em uma panela. Adicione as batatas e frite em fogo médio até dourar. Coe e reserve.
- Aqueça o óleo restante em uma panela. Adicione a canela, o cardamomo e os cravos. Deixe-os cuspir por 20 segundos.
- Adicione a pasta de mistura de especiarias. Frite em fogo médio por 3-4 minutos.
- Adicione tomates e açafrão. Continue fritando por 1-2 minutos.
- Adicione o vinagre e o carneiro marinado. Frite por 6-7 minutos.
- Adicione água e misture bem. Cubra com uma tampa e cozinhe por 45 minutos, mexendo ocasionalmente.
- Adicione as batatas fritas. Cozinhe por 5 minutos mexendo sempre. Servir quente.

kebab em camadas

para 4 pessoas

Conteúdo
120ml/4 fl oz óleo vegetal refinado

100g de farinha de rosca

Para a camada branca:
450g de queijo de cabra, escorrido

1 batata grande, cozida

½ colher de chá de sal

½ colher de chá de pimenta preta moída

½ colher de chá de pimenta moída

Suco de meio limão

50g/1¾oz folhas de coentro, picadas

Para a camada verde:
200g de espinafre

2 colheres de sopa de mung dhal*

1 cebola grande, finamente picada

2,5 cm / 1 polegada raiz de gengibre

4 cravos

¼ colher de chá de açafrão

1 colher de chá de garam masala

sal a gosto

250ml/8 fl onça de água

2 colheres de ervilha*

Para a camada laranja:

1 ovo, batido

1 cebola grande, finamente picada

1 colher de sopa de suco de limão

¼ colher de chá de corante alimentício laranja

Para a camada de carne:

500g/1lb 2 onças de carne, picada

150g / 5½ oz bagas mung*, embebido por 1 hora

5cm / 2in raiz de gengibre

6 dentes de alho

6 cravos

1 colher de sopa de cominho moído

1 colher de sopa de pimenta moída

10 pimenta preta

600ml/1 litro de água

Método

- Misture os ingredientes da camada branca com um pouco de sal e amasse. Coloque-o de lado.

- Misture todos os ingredientes da camada verde, exceto besan. Cozinhe por 45 minutos em uma panela em fogo baixo. Amasse com besan e reserve.
- Para a camada de laranja, misture todos os ingredientes com um pouco de sal. Coloque-o de lado.
- Para a camada de carne, misture todos os ingredientes com um pouco de sal e cozinhe em uma panela em fogo médio por 40 minutos. Esfrie e amasse.
- Divida cada camada de mistura em 8 porções. Role as bolas e bata-as para formar costeletas. Coloque 1 costeleta de cada camada em cima da outra para obter oito hambúrgueres de 4 camadas. Pressione suavemente os kebabs retangulares.
- Aqueça o óleo em uma panela. Mergulhe os kebabs na farinha de rosca e frite em fogo médio até dourar. Servir quente.

Barrah Campeão

(Costeleta de Borrego Assada)

para 4 pessoas

Conteúdo

1 colher de chá de pasta de gengibre

1 colher de chá de pasta de alho

3 colheres de sopa de vinagre de malte

675g de costeletas de borrego

400g/14oz iogurte grego

1 colher de chá de cúrcuma

4 pimentões verdes, finamente picados

½ colher de chá de pimenta moída

1 colher de chá de coentro moído

1 colher de chá de cominho moído

1 colher de chá de canela em pó

¾ colher de chá de cravo moído

sal a gosto

1 colher de chaat masala*

Método

- Misture a pasta de gengibre e pasta de alho com vinagre. Marinar o borrego com esta mistura durante 2 horas.
- Misture todos os ingredientes restantes, exceto chaat masala. Marinar as costeletas de borrego com esta mistura durante 4 horas.
- Espete as costeletas e asse no forno a 200°C (400°F, Gas Mark 6) por 40 minutos.
- Decore com chaat masala e sirva quente.

picles de cordeiro

para 4 pessoas

Conteúdo

10 pimentões vermelhos secos

10 dentes de alho

Raiz de gengibre de 3,5 cm/1½ polegada

sal a gosto

750ml/1¼ litro de água

2 colheres de iogurte

675g/1½lb de cordeiro, cortado em pedaços de 2,5cm/1in

250ml/8 fl oz óleo vegetal refinado

1½ colheres de chá de açafrão

1 colher de sopa de sementes de coentro

10 pimenta preta

3 cardamomo preto

4 cravos

3 folhas de louro

1 colher de chá de pasta de tomate ralada

¼ colher de chá de coco ralado

1 colher de chá de sementes de cominho

½ colher de chá de sementes de mostarda

100g/3½oz coco ralado

½ colher de chá de assa-fétida

suco de 1 limão

Método

- Misture a pimenta vermelha, o alho, o gengibre e o sal. Moer com água suficiente para formar uma pasta lisa.
- Misture esta pasta com iogurte. Marinar a carne com esta mistura durante 1 hora.
- Aqueça metade do óleo em uma panela. Adicione açafrão, sementes de coentro, pimenta-do-reino, cardamomo, cravo, louro, macis, noz-moscada, sementes de cominho, sementes de mostarda e noz-moscada. Frite por 2-3 minutos em fogo médio.
- Moer a mistura com água suficiente para formar uma pasta grossa.
- Adicione o óleo restante a uma panela. Adicione Assafétida. Deixe saltar por 10 segundos.
- Adicione a pasta de semente de açafrão-coentro moída. Frite por 3-4 minutos em fogo médio.
- Adicione o cordeiro marinado e a água restante. Misture bem. Cubra com uma tampa e cozinhe por 45 minutos. Deixe esfriar.
- Adicione o suco de limão e misture bem. Guarde a marinada em um recipiente hermético.

Caril de Cordeiro Goês

para 4 pessoas

Conteúdo

240ml/6fl oz óleo vegetal refinado

4 cebolas grandes, bem picadas

1 colher de chá de cúrcuma

4 tomates, amassados

675g/1½lb de cordeiro, cortado em pedaços de 2,5cm/1in

4 batatas grandes picadas

600ml/1 litro de leite de coco

120ml/4 fl onça de água

sal a gosto

Para a mistura de especiarias:

4 vagens de cardamomo verde

5 cm/2 polegadas de canela

6 pimentas pretas

1 colher de chá de sementes de cominho

2 cravos

6 pimentões vermelhos

1 anis estrelado

50 g de folhas de coentro bem picadas

3 pimentões verdes

1 colher de chá de pasta de gengibre

1 colher de chá de pasta de alho

Método

- Para preparar a mistura de especiarias, frite o cardamomo, canela, pimenta preta, cominho, cravo, pimenta vermelha e anis estrelado por 3-4 minutos.
- Moer esta mistura com os restantes ingredientes da mistura de especiarias e água suficiente para formar uma pasta lisa. Coloque-o de lado.
- Aqueça o óleo em uma panela. Adicione as cebolas e frite em fogo médio até ficarem translúcidas.
- Adicione o açafrão e o purê de tomate. Frite por 2 minutos.
- Adicione a pasta de mistura de especiarias. Continue fritando por 4-5 minutos.
- Adicione o cordeiro e as batatas. Frite por 5-6 minutos.
- Adicione o leite de coco, a água e o sal. Misture bem. Cubra com uma tampa e cozinhe a mistura em fogo baixo por 45 minutos, mexendo de vez em quando. Servir quente.

Carne de Bagara

(carne cozida em rico molho indiano)

para 4 pessoas

Conteúdo

120ml/4 fl oz óleo vegetal refinado

3 pimentões vermelhos

1 colher de chá de sementes de cominho

10 folhas de caril

2 cebolas grandes

½ colher de chá de açafrão

1 colher de chá de páprica

1 colher de chá de coentro moído

1 colher de chá de pasta de tamarindo

1 colher de chá de garam masala

500 g/1 lb 2 onças de carneiro, picado

sal a gosto

500ml/16fl onça de água

Para a mistura de especiarias:

2 colheres de gergelim

2 colheres de sopa de coco fresco, ralado

2 colheres de amendoim

2,5 cm / 1 polegada raiz de gengibre

8 dentes de alho

Método

- Para a mistura de especiarias, misture os ingredientes. Moer esta mistura com água suficiente para formar uma pasta lisa. Coloque-o de lado.
- Aqueça o óleo em uma panela. Adicione o pimentão vermelho, as sementes de cominho e as folhas de curry. Deixe-os se dispersar por 15 segundos.
- Adicione a cebola e a mistura de especiarias. Frite em fogo médio por 4-5 minutos.
- Adicione os ingredientes restantes, exceto a água. Frite por 5-6 minutos.
- Adicione a água. Misture bem. Cubra com uma tampa e cozinhe por 45 minutos. Servir quente.

Fígado em Leite de Coco

para 4 pessoas

Conteúdo

750 g/1 lb 10 onças de fígado, cortado em pedaços de 2,5 cm/1 polegada

½ colher de chá de açafrão

sal a gosto

500ml/16fl onça de água

5 colheres de sopa de óleo vegetal refinado

3 cebolas grandes, bem picadas

1 colher de sopa de gengibre, finamente picado

1 colher de sopa de dente de alho, finamente picado

6 pimentões verdes, cortados longitudinalmente

3 batatas grandes, cortadas em pedaços de 2,5 cm/1 polegada

1 colher de sopa de vinagre de malte

500ml/16fl oz leite de coco

Para a mistura de especiarias:

3 pimentões vermelhos secos

2,5 cm/1 polegada de canela

4 vagens de cardamomo verde

1 colher de chá de sementes de cominho

8 pimentas pretas

Método

- Misture o fígado com açafrão, sal e água. Cozinhe em uma panela em fogo médio por 40 minutos. Coloque-o de lado.
- Misture todos os ingredientes da mistura de especiarias e moa com água suficiente para formar uma pasta lisa. Coloque-o de lado.
- Aqueça o óleo em uma panela. Adicione as cebolas e frite em fogo médio até ficarem translúcidas.
- Adicione o gengibre, alho e pimenta verde. Frite por 2 minutos.
- Adicione a pasta de mistura de especiarias. Continue fritando por 1-2 minutos.
- Adicione a mistura de fígado, batatas, vinagre e leite de coco. Misture bem por 2 minutos. Cubra com uma tampa e cozinhe por 15 minutos, mexendo de vez em quando. Servir quente.

Cordeiro Masala com Iogurte

para 4 pessoas

Conteúdo

200g de iogurte

sal a gosto

675g/1½lb de cordeiro, cortado em pedaços de 2,5cm/1in

4 colheres de sopa de óleo vegetal refinado

3 cebolas grandes, bem picadas

3 cenouras picadas

3 tomates, finamente picados

120ml/4 fl onça de água

Para a mistura de especiarias:

25 g/menos 1 onça de folhas de coentro, picadas finamente

¼ colher de chá de açafrão

2,5 cm / 1 polegada raiz de gengibre

2 pimentões verdes

8 dentes de alho

4 vagens de cardamomo

4 cravos

5 cm/2 polegadas de canela

3 folhas de curry

¾ colher de chá de açafrão

2 colheres de chá de coentro moído

1 colher de chá de páprica

½ colher de chá de pasta de tamarindo

Método

- Misture todos os ingredientes da mistura de especiarias. Moer com água suficiente para formar uma pasta lisa.
- Misture bem o extrato de tomate com o iogurte e o sal. Marinar o borrego com esta mistura durante 1 hora.
- Aqueça o óleo em uma panela. Adicione as cebolas e frite em fogo médio até ficarem translúcidas.
- Adicione as cenouras e os tomates e frite por 3-4 minutos.
- Adicione o cordeiro marinado e a água. Misture bem. Cubra com uma tampa e cozinhe por 45 minutos, mexendo ocasionalmente. Servir quente.

Korma em Khada Masala

(Cordeiro Picante em Molho Grosso)

para 4 pessoas

Conteúdo

75g/2½oz de gordura

3 cardamomo preto

6 cravos

2 folhas de louro

½ colher de chá de sementes de cominho

2 cebolas grandes, fatiadas

3 pimentões vermelhos secos

Raiz de gengibre de 2,5 cm/1 polegada, finamente picada

20 dentes de alho

5 pimentões verdes cortados ao meio no sentido do comprimento

675g/1½lb de carneiro, picado

½ colher de chá de pimenta moída

2 colheres de chá de coentro moído

6-8 chalotas, descascadas

200g/7oz ervilhas enlatadas

750 ml/1¼ fl onça de água

Uma pitada de açafrão dissolvida em 2 colheres de sopa de água morna

sal a gosto

1 colher de chá de suco de limão

200g de iogurte

1 colher de sopa de folhas de coentro, bem picadas

4 ovos cozidos, cortados ao meio

Método

- Aqueça o óleo em uma panela. Adicione o cardamomo, cravo, louro e sementes de cominho. Deixe-os cuspir por 30 segundos.
- Adicione as cebolas e frite em fogo médio até que fiquem rosadas.
- Adicione a páprica seca, o gengibre, o alho e a pimenta verde. Frite por um minuto.
- Adicione carne de carneiro. Frite por 5-6 minutos.
- Adicione pimenta em pó, coentro moído, chalotas e ervilhas. Continue fritando por 3-4 minutos.
- Adicione a água, a mistura de açafrão, o sal e o suco de limão. Misture bem por 2-3 minutos. Cubra com uma tampa e cozinhe por 20 minutos.
- Desligue o fogo e acrescente o iogurte. Misture bem. Cubra novamente e continue a ferver por 20-25 minutos, mexendo ocasionalmente.
- Decore com folhas de coentro e ovo. Servir quente.

Caril de Cordeiro e Rim

para 4 pessoas

Conteúdo

5 colheres de sopa de óleo vegetal refinado mais extra para fritar

4 batatas grandes cortadas em tiras longas

3 cebolas grandes, bem picadas

3 tomates grandes bem picados

¼ colher de chá de açafrão

1 colher de chá de páprica

2 colheres de chá de coentro moído

1 colher de chá de cominho moído

25 castanhas de caju trituradas grosseiramente

4 rins picados

500g/1lb 2oz cordeiro, cortado em pedaços de 5cm/2in

suco de 1 limão

1 colher de chá de pimenta preta moída

sal a gosto

500ml/16fl onça de água

4 ovos cozidos, esquartejados

10g/¼oz de folhas de coentro, finamente picadas

Para a mistura de especiarias:

1½ colheres de chá de pasta de gengibre

1½ colheres de chá de pasta de alho

4-5 pimentões verdes

4 vagens de cardamomo

6 cravos

1 colher de chá de feno-grego

1½ colheres de sopa de vinagre de malte

Método

- Para a mistura de especiarias, misture todos os ingredientes e triture-os com água suficiente para formar uma pasta lisa. Coloque-o de lado.
- Aqueça o óleo para fritar em uma panela. Adicione as batatas e frite por 3-4 minutos em fogo médio. Coe e reserve.
- Aqueça 5 colheres de sopa de óleo em uma panela. Adicione as cebolas e frite em fogo médio até ficarem translúcidas.
- Adicione a pasta de mistura de especiarias. Frite por 2-3 minutos, mexendo sempre.
- Adicione os tomates, açafrão, pimenta vermelha moída, coentro moído e cominho moído. Continue fritando por 2-3 minutos.

- Adicione a castanha de caju, rim e cordeiro. Frite por 6-7 minutos.
- Adicione o suco de limão, pimenta, sal e água. Misture bem. Cubra com uma tampa e cozinhe por 45 minutos, mexendo ocasionalmente.
- Decore com ovo e folhas de coentro. Servir quente.

Gosht Gulfaam

(Carneiro com Queijo de Cabra)

para 4 pessoas

Conteúdo

675g de carneiro sem osso

300 g de queijo de cabra escorrido

200g/7oz hoya*

150g de mix de frutas secas, bem picadas

6 pimentões verdes bem picados

25g/pequenas folhas de 1 onça de coentro, picadas finamente

2 ovos cozidos

Para o molho:

¾ colher de sopa de óleo vegetal refinado

3 cebolas grandes, bem picadas

Raiz de gengibre de 5 cm/2 polegadas, finamente picada

10 dentes de alho bem picados

3 tomates, finamente picados

1 colher de chá de páprica

120ml/4 fl onça caldo de cordeiro

sal a gosto

Método

- Achate o carneiro até ficar parecido com um bife.
- Misture o queijo de cabra, khoya, frutas secas, pimenta verde e folhas de coentro. Amasse esta mistura em uma massa macia.
- Espalhe a massa sobre o carneiro achatado e coloque os ovos no meio.
- Enrole bem a ovelha para que a massa e o ovo fiquem dentro. Embrulhe em papel alumínio e asse por 1 hora a 180°C (350°F, Gas Mark 4). Coloque-o de lado.
- Para preparar o molho, aqueça o azeite em uma panela. Adicione as cebolas e frite em fogo médio até ficarem translúcidas.
- Adicione o gengibre e o alho. Frite por um minuto.
- Adicione os tomates e as pimentas. Continue fritando por 2 minutos, mexendo sempre.
- Adicione o caldo e o sal. Misture bem. Cozinhe por 10 minutos mexendo de vez em quando. Coloque-o de lado.
- Fatie o rolo de carne cozida e arrume as fatias em uma travessa. Despeje o molho sobre eles e sirva quente.

Cordeiro Do Pyaaza

(Cordeiro com Cebola)

para 4 pessoas

Conteúdo

120ml/4 fl oz óleo vegetal refinado

1 colher de chá de cúrcuma

3 folhas de louro

4 cravos

5 cm/2 polegadas de canela

6 pimentões vermelhos secos

4 vagens de cardamomo verde

6 cebolas grandes, 2 picadas, 4 fatiadas

3 colheres de pasta de gengibre

3 colheres de pasta de alho

2 tomates, bem picados

8 chalotas, cortadas ao meio

2 colheres de chá de garam masala

2 colheres de chá de coentro moído

4 colheres de chá de cominho moído

1½ colher de chá de pão ralado

½ coco ralado

2 colheres de chá de pimenta preta moída

sal a gosto

675g/1½lb de cordeiro picado

250ml/8 fl onça de água

10g/¼oz de folhas de coentro, finamente picadas

Raiz de gengibre de 2,5 cm/1 polegada, cortada em juliana

Método

- Aqueça o óleo em uma panela. Adicione açafrão, louro, cravo, canela, páprica e cardamomo. Deixe-os cuspir por 30 segundos.
- Adicione as cebolas picadas. Frite em fogo médio até ficar translúcido.
- Adicione a pasta de gengibre e a pasta de alho. Frite por um minuto.
- Adicione os tomates, chalotas, garam masala, coentro moído, cominho moído, macis, noz-moscada, pimenta e sal. Continue fritando por 2-3 minutos.
- Adicione o cordeiro e as cebolas fatiadas. Misture bem e frite por 6-7 minutos.
- Adicione a água e misture por um minuto. Cubra com uma tampa e cozinhe por 30 minutos, mexendo de vez em quando.
- Decore com folhas de coentro e gengibre. Servir quente.

Cordeiro com Legumes

para 4 pessoas

Conteúdo

675g/1½lb de cordeiro, cortado em pedaços de 2,5cm/1in

sal a gosto

½ colher de chá de pimenta preta moída

5 colheres de sopa de óleo vegetal refinado

2 folhas de louro

4 vagens de cardamomo verde

4 cravos

2,5 cm/1 polegada de canela

2 cebolas grandes, bem picadas

1 colher de chá de cúrcuma

1 colher de sopa de cominho moído

1 colher de chá de páprica

1 colher de chá de pasta de gengibre

1 colher de chá de pasta de alho

2 tomates, bem picados

200g de ervilha

1 colher de chá de sementes de feno-grego

200g / 7oz floretes de couve-flor

500ml/16fl onça de água

200g de iogurte

10g/¼oz de folhas de coentro, finamente picadas

Método

- Marinar o cordeiro com sal e pimenta por 30 minutos.

- Aqueça o óleo em uma panela. Adicione a folha de louro, cardamomo, cravo e canela. Deixe-os cuspir por 30 segundos.

- Adicione a cebola, açafrão, cominho moído, páprica, pasta de gengibre e pasta de alho. Frite por 1-2 minutos em fogo médio.

- Adicione o cordeiro marinado e frite por 6-7 minutos, mexendo ocasionalmente.

- Adicione os tomates, as ervilhas, as sementes de feno-grego e os floretes de couve-flor. Refogue por 3-4 minutos.

- Adicione água e misture bem. Cubra com uma tampa e cozinhe por 20 minutos.

- Desligue o fogo e acrescente o iogurte. Misture bem por um minuto, tampe novamente e cozinhe por 30 minutos, mexendo de vez em quando.

- Decore com folhas de coentro. Servir quente.

Caril de Carne com Batatas

para 4 pessoas

Conteúdo

6 pimentas pretas

3 cravos

2 vagens de cardamomo preto

2,5 cm/1 polegada de canela

1 colher de chá de sementes de cominho

4 colheres de sopa de óleo vegetal refinado

3 cebolas grandes, bem picadas

¼ colher de chá de açafrão

1 colher de chá de páprica

1 colher de chá de pasta de gengibre

1 colher de chá de pasta de alho

750g/1lb 10 onças de carne moída

2 tomates, bem picados

3 batatas grandes cortadas em cubinhos

½ colher de chá de garam masala

1 colher de sopa de suco de limão

sal a gosto

1 litro/1¾ pint de água

1 colher de sopa de folhas de coentro, bem picadas

Método

- Moer pimenta preta, cravo, cardamomo, canela e sementes de cominho em um pó fino. Coloque-o de lado.

- Aqueça o óleo em uma panela. Adicione as cebolas e frite em fogo médio até que fiquem rosadas.

- Adicione o pó de cravo-da-índia moído, açafrão, páprica em pó, pasta de gengibre e pasta de alho. Frite por um minuto.

- Adicione a carne picada e refogue por 5-6 minutos.

- Adicione os tomates, as batatas e o garam masala. Misture bem e cozinhe por 5-6 minutos.

- Adicione o suco de limão, o sal e a água. Cubra com uma tampa e cozinhe por 45 minutos, mexendo ocasionalmente.

- Decore com folhas de coentro. Servir quente.

Masala Picante de Cordeiro

para 4 pessoas

Conteúdo

675g/1½lb de cordeiro picado

3 cebolas grandes, fatiadas

750ml/1¼ litro de água

sal a gosto

4 colheres de sopa de óleo vegetal refinado

4 folhas de louro

¼ colher de chá de sementes de cominho

¼ colher de chá de sementes de mostarda

1 colher de chá de pasta de gengibre

1 colher de chá de pasta de alho

2 pimentões verdes, finamente picados

1 colher de sopa de amendoim, moído

1 colher de sopa de chana dhal*, torrado e moído

1 colher de chá de páprica

¼ colher de chá de açafrão

1 colher de chá de garam masala

suco de 1 limão

50 g de folhas de coentro bem picadas

Método

- Misture o cordeiro com a cebola, a água e o sal. Cozinhe esta mistura em uma panela em fogo médio por 40 minutos. Coloque-o de lado.

- Aqueça o óleo em uma panela. Adicione as folhas de louro, sementes de cominho e sementes de mostarda. Deixe-os cuspir por 30 segundos.

- Adicione a pasta de gengibre, a pasta de alho e o pimentão verde. Frite por um minuto em fogo médio, mexendo sempre.

- Adicione amendoim, chana dhal, pimenta em pó, açafrão e garam masala. Continue fritando por 1-2 minutos.

- Adicione a mistura de cordeiro. Misture bem. Cubra com uma tampa e cozinhe por 45 minutos, mexendo ocasionalmente.

- Polvilhe o suco de limão e as folhas de coentro por cima e sirva quente.

Rogan Josh

(Caril de Cordeiro da Caxemira)

para 4 pessoas

Conteúdo

suco de 1 limão

200g de iogurte

sal a gosto

750g/1lb 10oz cordeiro, cortado em pedaços de 2,5cm/1in

75g/2½oz ghee mais extra para fritar

2 cebolas grandes, em fatias finas

2,5 cm/1 polegada de canela

3 cravos

4 vagens de cardamomo verde

1 colher de chá de pasta de gengibre

1 colher de chá de pasta de alho

1 colher de chá de coentro moído

1 colher de chá de cominho moído

3 tomates grandes bem picados

750ml/1¼ litro de água

10g/¼oz de folhas de coentro, finamente picadas

Método

- Misture o suco de limão, o iogurte e o sal. Marinar o cordeiro com esta mistura por uma hora.

- Para fritar, o óleo é aquecido em uma panela. Adicione as cebolas e frite em fogo médio até dourar. Coe e reserve.

- Aqueça o óleo restante em uma panela. Adicione canela, cravo e cardamomo. Deixe-os se dispersar por 15 segundos.

- Adicione o cordeiro marinado e frite por 6-7 minutos em fogo médio.

- Adicione a pasta de gengibre e a pasta de alho. Refogue por 2 minutos.

- Adicione o coentro moído, o cominho moído e o tomate, misture bem e cozinhe por mais um minuto.

- Adicione a água. Cubra com uma tampa e cozinhe por 40 minutos, mexendo de vez em quando.

- Decore com folhas de coentro e cebola frita. Servir quente.

Costelinha de Porco Grelhada

para 4 pessoas

Conteúdo

6 pimentões verdes

5cm / 2in raiz de gengibre

15 dentes de alho

¼ mamão pequeno cru, moído

200g de iogurte

2 colheres de sopa de óleo vegetal refinado

2 colheres de sopa de suco de limão

sal a gosto

750 g/1 lb 10 onças entrecosto, cortado em 4 pedaços

Método

- Moer pimenta verde, gengibre, alho e mamão cru com água suficiente para formar uma pasta grossa.

- Misture esta pasta com os restantes ingredientes, exceto as costelas. Marinar as costelas com esta mistura por 4 horas.

- Grelhe as costelas marinadas por 40 minutos, virando de vez em quando. Servir quente.

Carne com Leite de Coco

para 4 pessoas

Conteúdo

   5 colheres de sopa de óleo vegetal refinado

   675g/1½lb de carne bovina, cortada em tiras de 5cm/2in

   3 cebolas grandes, bem picadas

   8 dentes de alho bem picados

   Raiz de gengibre de 2,5 cm/1 polegada, finamente picada

   2 pimentões verdes cortados no sentido do comprimento

   2 colheres de chá de coentro moído

   2 colheres de chá de cominho moído

   2,5 cm/1 polegada de canela

   sal a gosto

   500ml/16fl onça de água

   500ml/16fl oz leite de coco

Método

- Aqueça 3 colheres de sopa de óleo em uma panela. Adicione as tiras de carne em porções e frite em fogo baixo por 12-15 minutos, virando de vez em quando. Coe e reserve.

- Aqueça o óleo restante em uma panela. Adicione a cebola, o alho, o gengibre e a pimenta verde. Frite por 2-3 minutos em fogo médio.

- Adicione as tiras de rosbife, coentro moído, cominho moído, canela, sal e água. Ferva por 40 minutos.

- Adicione o leite de coco. Cozinhe por 20 minutos, mexendo sempre. Servir quente.

espetada de porco

para 4 pessoas

Conteúdo

100ml/3½fl onça de óleo de mostarda

3 colheres de sopa de suco de limão

1 cebola pequena, picada

2 colheres de chá de pasta de alho

1 colher de chá de mostarda em pó

1 colher de chá de pimenta preta moída

sal a gosto

600g/1lb 5oz de carne de porco desossada, cortada em pedaços de 3,5cm/1½in

Método

- Misture todos os ingredientes, exceto a carne de porco. Marinar a carne de porco com esta mistura durante a noite.

- Espete a carne de porco marinada e grelhe por 30 minutos. Servir quente.

carne assada com pimenta

para 4 pessoas

Conteúdo

750 g/1 lb 10 onças de carne, cortada em pedaços de 2,5 cm/1 polegada

6 pimentas pretas

3 cebolas grandes, fatiadas

1 litro/1¾ pint de água

sal a gosto

4 colheres de sopa de óleo vegetal refinado

Raiz de gengibre de 2,5 cm/1 polegada, finamente picada

8 dentes de alho bem picados

4 pimentões verdes

1 colher de sopa de suco de limão

50g / 1¾oz folhas de coentro

Método

- Misture a carne com pimenta do reino, 1 cebola, água e sal. Cozinhe esta mistura em uma panela em fogo médio por 40 minutos. Coe e reserve. Estoque de reserva.

- Aqueça o óleo em uma panela. Frite as cebolas restantes em fogo médio até ficarem rosadas. Adicione o gengibre, alho e pimenta verde. Frite por 4-5 minutos.

- Adicione o suco de limão e a mistura de carne. Continue cozinhando por 7-8 minutos. Adicionar estoque reservado.

- Cubra com uma tampa e cozinhe por 40 minutos, mexendo de vez em quando. Adicione as folhas de coentro e misture bem. Servir quente.

Ovo escocês de carne

para 4 pessoas

Conteúdo

500g/1lb 2 onças de carne moída

sal a gosto

1 litro/1¾ pint de água

3 colheres de ervilha*

1 ovo, batido

25 g/menos 1 onça de folhas de hortelã, picadas finamente

25 g/menos 1 onça de folhas de coentro, picadas

8 ovos cozidos

Óleo vegetal refinado para fritar

Método

- Misture a carne com sal e água. Cozinhe por 45 minutos em uma panela em fogo baixo. Faça uma pasta e misture com besan, ovo mexido, hortelã e folhas de coentro. Enrole esta mistura em volta dos ovos cozidos.
- Aqueça o óleo em uma panela. Adicione os ovos embrulhados e frite em fogo médio até dourar. Servir quente.

Carne Seca Estilo Malabar

para 4 pessoas

Conteúdo

675g/1½lb de carne, picada

4 colheres de sopa de óleo vegetal refinado

3 cebolas grandes, fatiadas

1 tomate, finamente picado

100g/3½oz coco ralado

1 colher de chá de páprica

1 colher de chá de garam masala

1 colher de chá de coentro moído

1 colher de chá de cominho moído

sal a gosto

1 litro/1¾ pint de água

Para a mistura de especiarias:

Raiz de gengibre de 3,5 cm/1½ polegada

6 pimentões verdes

1 colher de sopa de coentro moído

10 folhas de caril

1 colher de pasta de alho

Método

- Moa todos os ingredientes da mistura de especiarias para formar uma pasta grossa. Marinar a carne com esta mistura por cerca de uma hora.
- Aqueça o óleo em uma panela. Frite as cebolas em fogo médio até ficarem rosadas. Adicione a carne e frite por 6-7 minutos.
- Adicione os ingredientes restantes. Asse por 40 minutos e sirva quente.

Costeletas de Cordeiro Moghlai

para 4 pessoas

Conteúdo

5cm / 2in raiz de gengibre

8 dentes de alho

6 pimentões vermelhos secos

2 colheres de chá de suco de limão

sal a gosto

8 costeletas de cordeiro, socadas e achatadas

150g/5½oz de óleo

2 batatas grandes cortadas em rodelas e fritas

2 cebolas grandes

Método

- Moer o gengibre, alho e pimenta vermelha com suco de limão, sal e água suficiente para obter uma consistência de pasta lisa. Marinar as costeletas com esta mistura por 4-5 horas.
- Aqueça o óleo em uma panela. Adicione as costeletas marinadas e frite por 8-10 minutos em fogo médio.
- Adicione as cebolas e as batatas fritas. Asse por 15 minutos. Servir quente.

Carne com Quiabo

para 4 pessoas

Conteúdo

4½ colheres de sopa de óleo vegetal refinado

200g de quiabo

2 cebolas grandes, bem picadas

Raiz de gengibre de 2,5 cm/1 polegada, finamente picada

4 dentes de alho, finamente picados

750 g/1 lb 10 onças de carne, cortada em pedaços de 2,5 cm/1 polegada

4 pimentas vermelhas secas

1 colher de sopa de coentro moído

½ colher de sopa de cominho moído

1 colher de chá de garam masala

2 tomates, bem picados

sal a gosto

1 litro/1¾ pint de água

Método

- Aqueça 2 colheres de sopa de óleo em uma panela. Adicione o quiabo e frite em fogo médio até ficar crocante e marrom. Coe e reserve.
- Aqueça o óleo restante em uma panela. Frite as cebolas em fogo médio até ficarem translúcidas. Adicione o gengibre e o alho. Frite por um minuto.
- Adicione a carne. Frite por 5-6 minutos. Adicione todos os ingredientes restantes e o quiabo. Cozinhe por 40 minutos, mexendo sempre. Servir quente.

Baffad de carne

(Carne cozida com coco e vinagre)

para 4 pessoas

Conteúdo

675g/1½lb de carne, picada

sal a gosto

1 litro/1¾ pint de água

1 colher de chá de cúrcuma

½ colher de chá de pimenta preta

½ colher de chá de sementes de cominho

5-6 cravos

2,5 cm/1 polegada de canela

12 dentes de alho, finamente picados

Raiz de gengibre de 2,5 cm/1 polegada, finamente picada

100g/3½oz de coco fresco, ralado

6 colheres de sopa de vinagre de malte

5 colheres de sopa de óleo vegetal refinado

2 cebolas grandes, bem picadas

Método

- Misture a carne com sal e água e cozinhe em uma panela em fogo médio por 45 minutos, mexendo de vez em quando. Coloque-o de lado.
- Triture os restantes ingredientes, excepto o azeite e a cebola.
- Aqueça o óleo em uma panela. Adicione a mistura moída e as cebolas.
- Frite por 3-4 minutos em fogo médio. Adicione a mistura de carne. Cozinhe por 20 minutos, mexendo de vez em quando. Servir quente.

Badami Gosht

(Cordeiro Amêndoa)

para 4 pessoas

Conteúdo

5 colheres de manteiga

3 cebolas grandes, bem picadas

12 dentes de alho, esmagados

Raiz de gengibre de 3,5 cm/1½ polegada, finamente picada

750 g/1 lb 10 oz cordeiro, picado

75g/2½ oz de amêndoas moídas

1 colher de sopa de garam masala

sal a gosto

250g de iogurte

360ml/12fl oz leite de coco

500ml/16fl onça de água

Método

- Aqueça o óleo em uma panela. Adicione todos os ingredientes, exceto o iogurte, o leite de coco e a água. Misture bem. Refogue em fogo baixo por 10 minutos.
- Adicione os ingredientes restantes. Ferva por 40 minutos. Servir quente.

Carne frita indiana

para 4 pessoas

Conteúdo

30g/1oz de queijo cheddar, ralado

½ colher de chá de pimenta preta moída

1 colher de chá de páprica

10g/¼oz de folhas de coentro picadas

10g/¼oz de folhas de hortelã, picadas finamente

1 colher de chá de pasta de gengibre

1 colher de chá de pasta de alho

25g/insuficiente farinha de rosca de 1 onça

1 ovo, batido

sal a gosto

675g de carne desossada, achatada e cortada em 8 pedaços

5 colheres de sopa de óleo vegetal refinado

500ml/16fl onça de água

Método

- Misture todos os ingredientes, exceto carne, óleo e água.
- Aplique esta mistura em um lado de cada pedaço de carne. Enrole cada um e amarre com um barbante para fechar.
- Aqueça o óleo em uma panela. Adicione os rolinhos e frite por 8 minutos em fogo médio. Adicione água e misture bem. Ferva por 30 minutos. Servir quente.

Costeletas Khatta Pudina

(Costelinhas de Hortelã Quente)

para 4 pessoas

Conteúdo

1 colher de chá de cominho moído

1 colher de sopa de pimenta branca moída

2 colheres de chá de garam masala

5 colheres de chá de suco de limão

4 colheres de creme de leite

150g de iogurte

250ml/8 fl onça picles de menta

2 colheres de fubá

¼ papaia pequena, moída

1 colher de pasta de alho

1 colher de sopa de pasta de gengibre

1 colher de chá de erva-doce moída

sal a gosto

675g de costeletas de borrego

Óleo vegetal refinado para regar

Método

- Misture todos os ingredientes, exceto as costeletas de cordeiro e o óleo. Marinar as costeletas com esta mistura durante 5 horas.
- Unte as costeletas com óleo e grelhe por 15 minutos. Servir quente.

Bife Indiano

para 4 pessoas

Conteúdo

675g/1½lb de carne, fatiada para bife

Raiz de gengibre de 3,5 cm/1½ polegada, finamente picada

12 dentes de alho, finamente picados

2 colheres de sopa de pimenta preta moída

4 cebolas médias, bem picadas

4 pimentões verdes, finamente picados

3 colheres de vinagre

750ml/1¼ litro de água

sal a gosto

5 colheres de sopa de óleo vegetal refinado mais extra para fritar

Método

- Para fritar, coloque todos os ingredientes menos o óleo em uma panela e misture.
- Cubra com uma tampa bem fechada e cozinhe por 45 minutos, mexendo de vez em quando.
- Aqueça o óleo restante em uma panela. Adicione a mistura de bife cozido e refogue por 5-7 minutos em fogo médio, virando ocasionalmente. Servir quente.

Cordeiro ao Molho Verde

para 4 pessoas

Conteúdo

4 colheres de sopa de óleo vegetal refinado

3 cebolas grandes, raladas

1½ colheres de chá de pasta de gengibre

1 colher de chá de pasta de alho

675g/1½lb de cordeiro, cortado em pedaços de 2,5cm/1in

½ colher de chá de canela em pó

½ colher de chá de cravo moído

½ colher de chá de cardamomo preto moído

6 malaguetas vermelhas secas, moídas

2 colheres de chá de coentro moído

½ colher de chá de cominho moído

10g/¼oz de folhas de coentro, finamente picadas

4 tomates, amassados

sal a gosto

500ml/16fl onça de água

Método

- Aqueça o óleo em uma panela. Adicione a cebola, a pasta de gengibre e a pasta de alho. Frite por 2-3 minutos em fogo médio.

- Adicione todos os ingredientes restantes, exceto a água. Misture bem e frite por 8-10 minutos. Adicione a água. Cubra com uma tampa e cozinhe por 40 minutos, mexendo de vez em quando. Servir quente.

Cordeiro Picado Fácil

para 4 pessoas

Conteúdo

3 colheres de óleo de mostarda

2 cebolas grandes, bem picadas

Raiz de gengibre de 7,5 cm/3 polegadas, finamente picada

2 colheres de chá de pimenta-do-reino moída grosseiramente

2 colheres de chá de cominho moído

sal a gosto

1 colher de chá de cúrcuma

750g/1lb 10oz cordeiro moído

500ml/16fl onça de água

Método

- Aqueça o óleo em uma panela. Adicione cebola, gengibre, pimenta, cominho moído, sal e açafrão. Frite por 2 minutos. Adicione a carne moída. Frite por 8-10 minutos.
- Adicione a água. Misture bem e cozinhe por 30 minutos. Servir quente.

Porco Sorpotel

(Fígado de Porco Cozido em Molho Goês)

para 4 pessoas

Conteúdo

250ml/8 fl onça de vinagre de malte

8 pimentões vermelhos secos

10 pimenta preta

1 colher de chá de sementes de cominho

1 colher de sopa de sementes de coentro

1 colher de chá de cúrcuma

500g/1lb 2oz carne de porco

250g de fígado

sal a gosto

1 litro/1¾ pint de água

120ml/4 fl oz óleo vegetal refinado

5 cm / 2 polegadas raiz de gengibre, em fatias finas

20 dentes de alho bem picados

6 pimentões verdes, cortados longitudinalmente

Método

- Misture metade do vinagre com páprica, pimenta-do-reino, sementes de cominho, sementes de coentro e açafrão em uma pasta fina. Coloque-o de lado.
- Misture a carne de porco e o fígado com sal e água. Cozinhe em uma panela por 30 minutos. Esvazie o estoque e reserve. Pique finamente a carne de porco e o fígado. Coloque-o de lado.
- Aqueça o óleo em uma panela. Adicione a carne picada e frite em fogo baixo por 12 minutos. Adicione a massa e todos os ingredientes restantes. Misture bem.
- Frite por 15 minutos. Adicionar estoque. Ferva por 15 minutos. Servir quente.

picles de cordeiro

para 4 pessoas

Conteúdo

750g/1lb 10oz cordeiro, cortado em tiras finas

sal a gosto

1 litro/1¾ pint de água

6 colheres de sopa de óleo vegetal refinado

1 colher de chá de cúrcuma

4 colheres de sopa de suco de limão

2 colheres de sopa de cominho moído, torrado a seco

4 colheres de sopa de gergelim moído

Raiz de gengibre de 7,5 cm/3 polegadas, finamente picada

12 dentes de alho, finamente picados

Método

- Misture a carne de cordeiro com sal e água e cozinhe em uma panela em fogo médio por 40 minutos. Coe e reserve.
- Aqueça o óleo em uma panela. Adicione o cordeiro e frite por 10 minutos em fogo médio. Coe e misture com os demais ingredientes. Sirva frio.

haleem

(carneiro cozido iraniano)

para 4 pessoas

Conteúdo

500g/1lb 2oz de trigo, embebido por 2-3 horas e escorrido

1,5 litros/2¾ pints de água

sal a gosto

500 g/1 lb 2 onças de carneiro, picado

4-5 colheres de sopa de óleo

3 cebolas grandes, fatiadas

1 colher de chá de pasta de gengibre

1 colher de chá de pasta de alho

1 colher de chá de cúrcuma

1 colher de chá de garam masala

Método

- Misture o trigo com 250 ml/8 fl oz de água e um pouco de sal. Cozinhe em uma panela em fogo médio por 30 minutos. Amasse bem e reserve.
- Coza o borrego num tacho com a restante água e sal durante 45 minutos. Coe e faça uma pasta fina. Estoque de reserva.
- Aqueça o óleo. Frite as cebolas em fogo baixo até dourar. Adicione a pasta de gengibre, pasta de alho, açafrão e carne moída. Frite por 8 minutos. Adicione o trigo, a água e o garam masala. Cozinhe por 20 minutos. Servir quente.

Costeletas de Cordeiro Verde Masala

para 4 pessoas

Conteúdo

675g de costeleta de carneiro

sal a gosto

1 colher de chá de cúrcuma

500ml/16fl onça de água

2 colheres de sopa de coentro moído

1 colher de chá de cominho moído

1 colher de sopa de pasta de gengibre

1 colher de pasta de alho

100g/3½oz folhas de coentro, moídas

1 colher de chá de suco de limão

1 colher de chá de pimenta preta moída

1 colher de chá de garam masala

60g/2 onças de farinha branca simples

Óleo vegetal refinado para fritar

2 ovos, mexidos

50g/1¾oz farinha de rosca

Método

- Misture a carne com sal, açafrão e água. Cozinhe em uma panela em fogo médio por 30 minutos. Coe e reserve.
- Misture os ingredientes restantes, exceto a farinha, o óleo, os ovos e a farinha de rosca.
- Passe as costeletas por esta mistura e polvilhe com farinha.
- Aqueça o óleo em uma panela. Passe as costeletas no ovo, polvilhe com farinha de rosca e frite até dourar. Traduza e repita. Servir quente.

Fígado de Cordeiro com Fenugreek

para 4 pessoas

Conteúdo

4 colheres de sopa de óleo vegetal refinado

2 cebolas grandes, bem picadas

¾ colher de chá de pasta de gengibre

¾ colher de chá de pasta de alho

50 g de folhas de erva-doce picadas

600g/1lb 5oz fígado de cordeiro, picado

3 tomates, finamente picados

1 colher de chá de garam masala

120ml/4 fl onça de água quente

1 colher de sopa de suco de limão

sal a gosto

Método

- Aqueça o óleo em uma panela. Frite as cebolas em fogo médio até ficarem translúcidas. Adicione a pasta de gengibre e a pasta de alho. Frite por 1-2 minutos.
- Adicione as folhas de feno-grego e o fígado. Refogue por 5 minutos.

- Adicione os ingredientes restantes. Asse por 40 minutos e sirva quente.

Carne Hussein

(Carne Cozida com Molho do Norte da Índia)

para 4 pessoas

Conteúdo

4 colheres de sopa de óleo vegetal refinado

675 g/1½ lb de carne bovina, finamente picada

125 gr de iogurte

sal a gosto

750ml/1¼ litro de água

Para a mistura de especiarias:

4 cebolas grandes

8 dentes de alho

2,5 cm / 1 polegada raiz de gengibre

2 colheres de chá de garam masala

1 colher de chá de cúrcuma

2 colheres de chá de coentro moído

1 colher de chá de cominho moído

Método

- Misture os ingredientes da mistura de especiarias em uma pasta grossa.
- Aqueça o óleo em uma panela. Adicione o extrato de tomate e frite por 4-5 minutos em fogo médio. Adicione a carne. Misture bem e frite por 8-10 minutos.
- Adicione iogurte, sal e água a ele. Misture bem. Cubra com uma tampa e cozinhe por 40 minutos, mexendo de vez em quando. Servir quente.

cordeiro methi

(cordeiro com feno-grego)

para 4 pessoas

Conteúdo

120ml/4 fl oz óleo vegetal refinado

1 cebola grande, em fatias finas

6 dentes de alho, finamente picados

600g/1lb 5oz cordeiro, picado

50g/1¾oz de folhas frescas de feno-grego, finamente picadas

½ colher de chá de açafrão

1 colher de chá de coentro moído

125 gr de iogurte

600ml/1 litro de água

½ colher de chá de cardamomo verde moído

sal a gosto

Método
- Aqueça o óleo em uma panela. Adicione a cebola e o alho e frite por 4 minutos em fogo médio.
- Adicione cordeiro. Frite por 7-8 minutos. Adicione os ingredientes restantes. Misture bem e cozinhe por 45 minutos. Servir quente.

Carne bovina

(Carne Assada ao Molho das Índias Orientais)

para 4 pessoas

Conteúdo

675g/1½lb de carne, picada

2,5 cm/1 polegada de canela

6 cravos

sal a gosto

1 litro/1¾ pint de água

5 colheres de sopa de óleo vegetal refinado

3 batatas grandes cortadas em rodelas

Para a mistura de especiarias:

60ml/2 fl onça de vinagre de malte

3 cebolas grandes

2,5 cm / 1 polegada raiz de gengibre

8 dentes de alho

½ colher de chá de açafrão

2 pimentas vermelhas secas

2 colheres de chá de sementes de cominho

Método

- Misture a carne com canela, cravo, sal e água. Cozinhe em uma panela em fogo médio por 45 minutos. Coloque-o de lado.
- Moer os ingredientes da mistura de especiarias em uma pasta grossa.
- Aqueça o óleo em uma panela. Adicione a pasta de mistura de especiarias e frite em fogo baixo por 5-6 minutos. Adicione a carne e as batatas. Misture bem. Deixe em infusão por 15 minutos e sirva quente.

ensopado de cordeiro

para 4 pessoas

Conteúdo

3 colheres de sopa de óleo vegetal refinado

2 cebolas grandes, bem picadas

4 dentes de alho, finamente picados

500g/1lb 2oz cordeiro, picado

2 colheres de chá de cominho moído

6 colheres de sopa de extrato de tomate

150 g/5 ½ oz de feijão em lata

250ml/8 fl onça de caldo

pimenta preta moída a gosto

sal a gosto

Método

- Aqueça o óleo em uma panela. Adicione a cebola e o alho e frite por 2-3 minutos em fogo médio. Adicione a carne moída e refogue por 10 minutos. Adicione os ingredientes restantes. Misture bem e cozinhe por 30 minutos.
- Transfira para uma tigela refratária. Asse no forno a 180°C (350°F, Gas Mark 4) por 25 minutos. Servir quente.

Cordeiro aromatizado com cardamomo

para 4 pessoas

Conteúdo

sal a gosto

200g de iogurte

1½ colheres de sopa de pasta de gengibre

2½ colheres de chá de pasta de alho

2 colheres de sopa de cardamomo verde moído

675g/1½lb de cordeiro, cortado em pedaços de 3,5cm/1½in

6 colheres de manteiga

6 cravos

Canela de 7,5 cm/3 polegadas, moída grosseiramente

4 cebolas grandes, em fatias finas

½ colher de chá de açafrão embebido em 2 colheres de sopa de leite

1 litro/1¾ pint de água

125g de nozes torradas

Método

- Misture o sal, o iogurte, a pasta de gengibre, a pasta de alho e o cardamomo. Marinar a carne com esta mistura durante 2 horas.
- Aqueça o óleo em uma panela. Adicione os cravos e a canela. Deixe-os se dispersar por 15 segundos.
- Adicione as cebolas. Frite por 3-4 minutos. Adicione a carne marinada, o açafrão e a água. Misture bem. Cubra com uma tampa e cozinhe por 40 minutos.
- Sirva quente decorado com nozes.

cheema

(Carne moída)

para 4 pessoas

Conteúdo

5 colheres de sopa de óleo vegetal refinado

4 cebolas grandes, bem picadas

1 colher de chá de pasta de gengibre

1 colher de chá de pasta de alho

3 tomates, finamente picados

2 colheres de chá de garam masala

200g/7oz ervilhas congeladas

sal a gosto

675g/1½lb de carne moída

500ml/16fl onça de água

Método

- Aqueça o óleo em uma panela. Adicione as cebolas e frite até dourar em fogo médio. Adicione a pasta de gengibre, a pasta de alho, o tomate, o garam masala, as ervilhas e o sal. Misture bem. Frite por 3-4 minutos.
- Adicione a carne e a água. Misture bem. Asse por 40 minutos e sirva quente.

Porco Assado Picante

para 4 pessoas

Conteúdo

675g/1½lb de carne de porco picada

2 cebolas grandes, bem picadas

1 colher de chá de óleo vegetal refinado

1 litro/1¾ pint de água

sal a gosto

Para a mistura de especiarias:

250ml/8 fl onça de vinagre

2 cebolas grandes

1 colher de sopa de pasta de gengibre

1 colher de pasta de alho

1 colher de sopa de pimenta preta moída

1 colher de sopa de pimenta verde

1 colher de sopa de cúrcuma

1 colher de sopa de pimenta moída

1 colher de cravo

5 cm/2 polegadas de canela

1 colher de sopa de vagens de cardamomo verde

Método

- Moer os ingredientes da mistura de especiarias em uma pasta grossa.
- Misture em uma tigela com os demais ingredientes. Cubra com uma tampa bem fechada e cozinhe por 50 minutos. Servir quente.

Tandoori Raan

(Perna de Cordeiro Picante Cozida no tandoori)

para 4 pessoas

Conteúdo

675g/1½lb de perna de cordeiro

400g/14oz iogurte

2 colheres de sopa de suco de limão

2 colheres de chá de pasta de gengibre

2 colheres de chá de pasta de alho

1 colher de chá de cravo moído

1 colher de chá de canela em pó

2 colheres de chá de pimenta moída

1 colher de chá de noz-moscada, ralada

uma pitada de pão

sal a gosto

Óleo vegetal refinado para regar

Método

- Perfure o cordeiro todo com um garfo.
- Misture bem os ingredientes restantes, exceto o óleo. Marinar o cordeiro com esta mistura por 4-6 horas.
- Asse o cordeiro no forno a 180 ° C (350 ° F, marca de gás 4) por 1 hora e meia a 2 horas, regando ocasionalmente. Servir quente.

tala cordeiro

(Cordeiro assado)

para 4 pessoas

Conteúdo

675g/1½lb de cordeiro, cortado em pedaços de 5cm/2in

sal a gosto

1 litro/1¾ pint de água

4 colheres de manteiga

2 cebolas grandes, fatiadas

Para a mistura de especiarias:

8 pimentas secas

1 colher de chá de cúrcuma

1½ colheres de sopa de garam masala

2 colheres de chá de sementes de papoula

3 cebolas grandes, bem picadas

1 colher de chá de pasta de tamarindo

Método

- Moer os ingredientes da mistura de especiarias com água para fazer uma pasta grossa.
- Misture esta pasta com carne, sal e água. Cozinhe em uma panela em fogo médio por 40 minutos. Coloque-o de lado.
- Aqueça o óleo em uma panela. Adicione as cebolas e frite até dourar em fogo médio. Adicione a mistura de carne. Ferva por 6-7 minutos e sirva quente.

língua frita

para 4 pessoas

Conteúdo

900g/2lb língua de boi

sal a gosto

1 litro/1¾ pint de água

1 colher de chá de manteiga

3 cebolas grandes, bem picadas

Raiz de gengibre de 5 cm/2 polegadas, cortada em juliana

4 tomates, finamente picados

125 g de ervilha congelada

10g/¼oz de folhas de hortelã, picadas finamente

1 colher de chá de vinagre de malte

1 colher de chá de pimenta preta moída

½ colher de sopa de garam masala

Método

- Coloque a língua em uma panela com sal e água e cozinhe por 45 minutos em fogo médio. Coe e deixe esfriar por um tempo. Descasque a pele e corte em tiras. Coloque-o de lado.
- Aqueça o óleo em uma panela. Adicione a cebola e o gengibre e frite por 2-3 minutos em fogo médio. Adicione a língua cozida e todos os ingredientes restantes. Ferva por 20 minutos. Servir quente.

Pastel de Cordeiro Frito

para 4 pessoas

Conteúdo

75g/2½ oz de queijo cheddar, ralado

½ colher de chá de pimenta preta moída

1 colher de chá de pasta de gengibre

1 colher de chá de pasta de alho

3 ovos, mexidos

50g/1¾oz folhas de coentro, picadas

100g de farinha de rosca

sal a gosto

675g/1½lb de carneiro desossado, cortado em pedaços de 10cm/4in e achatado

4 colheres de manteiga

250ml/8 fl onça de água

Método

- Misture todos os ingredientes, exceto carne, óleo e água. Aplique a mistura em um dos lados dos pedaços de carne. Enrole bem cada pedaço e amarre com um barbante.
- Aqueça o óleo em uma panela. Adicione os rolinhos de carneiro e frite em fogo médio até dourar. Adicione a água. Deixe em infusão por 15 minutos e sirva quente.

Batata Masala com Fígado

para 4 pessoas

Conteúdo

4 colheres de sopa de óleo vegetal refinado

675g/1½lb de fígado de cordeiro, cortado em tiras de 5cm/2in

2 colheres de sopa de gengibre, julienned

15 dentes de alho bem picados

8 pimentões verdes cortados no sentido do comprimento

2 colheres de chá de cominho moído

1 colher de chá de cúrcuma

125 gr de iogurte

1 colher de chá de pimenta preta moída

sal a gosto

50g/1¾oz folhas de coentro, picadas

suco de 1 limão

Método

- Aqueça o óleo em uma panela. Adicione as tiras de fígado e frite por 10-12 minutos em fogo médio.
- Adicione gengibre, alho, pimenta verde, cominho e açafrão. Frite por 3-4 minutos. Adicione o iogurte, a pimenta e o sal. Refogue por 6-7 minutos.
- Adicione as folhas de coentro e o suco de limão. Refogue em fogo baixo por 5-6 minutos. Servir quente.

Língua de Boi Picante

para 4 pessoas

Conteúdo

900g/2lb língua de boi

sal a gosto

1,5 litros/2¾ pints de água

2 colheres de chá de sementes de cominho

12 dentes de alho

5 cm/2 polegadas de canela

4 cravos

6 pimentões vermelhos secos

8 pimentas pretas

6 colheres de sopa de vinagre de malte

3 colheres de sopa de óleo vegetal refinado

2 cebolas grandes, bem picadas

3 tomates, finamente picados

1 colher de chá de cúrcuma

Método

- Cozinhe a língua em uma panela com sal e 1,2 litros/2 litros de água em fogo baixo por 45 minutos. Descasque a pele. Pique as línguas e reserve.
- Moer sementes de cominho, alho, canela, cravo, páprica seca e pimenta preta com vinagre para fazer uma pasta lisa. Coloque-o de lado.
- Aqueça o óleo em uma panela. Frite as cebolas em fogo médio até ficarem translúcidas. Adicione a pasta de tomate moída, a língua picada, o tomate, o açafrão e a água restante. Deixe em infusão por 20 minutos e sirva quente.

Cordeiro Pasanda

(Espetada de Cordeiro com Molho de Iogurte)

para 4 pessoas

Conteúdo

½ colher de sopa de óleo vegetal refinado

3 cebolas grandes cortadas no sentido do comprimento

¼ mamão pequeno verde, moído

200g de iogurte

2 colheres de chá de garam masala

sal a gosto

750g/1lb 10oz cordeiro desossado, cortado em pedaços de 5cm/2in

Método

- Aqueça o óleo em uma panela. Frite as cebolas em fogo baixo até dourar.
- Escorra e purê as cebolas. Misture com os ingredientes restantes, exceto cordeiro. Marinar o cordeiro com esta mistura por 5 horas.
- Coloque em uma forma de torta e leve ao forno a 180°C (350°F, Gas Mark 4) por 30 minutos. Servir quente.

Caril de Cordeiro e Maçã

para 4 pessoas

Conteúdo

5 colheres de sopa de óleo vegetal refinado

4 cebolas grandes, fatiadas

4 tomates grandes escaldados (ver Fig.técnicas de culinária)

½ colher de chá de pasta de alho

2 colheres de chá de coentro moído

2 colheres de chá de cominho moído

1 colher de chá de páprica

30g de castanha de caju moída

750g/1lb 10oz cordeiro desossado, cortado em pedaços de 2,5cm/1 polegada

200g de iogurte

1 colher de chá de pimenta preta moída

sal a gosto

750ml/1¼ litro de água

4 maçãs, cortadas em pedaços de 3,5 cm/1½ polegada

120ml/4fl oz creme de leite fresco

Método

- Aqueça o óleo em uma panela. Frite as cebolas em fogo baixo até dourar.
- Adicione os tomates, pasta de alho, coentro e cominho. Frite por 5 minutos.
- Adicione os ingredientes restantes, exceto a água, as maçãs e o creme. Misture bem e refogue por 8-10 minutos.
- Despeje na água. Ferva por 40 minutos. Adicione as maçãs e misture por 10 minutos. Adicione o creme de leite e bata por mais 5 minutos. Servir quente.

Carneiro Seco Estilo Andhra

para 4 pessoas

Conteúdo

675g/1½lb de carneiro, picado

4 cebolas grandes, em fatias finas

6 tomates bem picados

1½ colheres de chá de pasta de gengibre

1½ colheres de chá de pasta de alho

50g/1¾oz de coco fresco, ralado

2½ colheres de sopa de garam masala

½ colher de chá de pimenta preta moída

1 colher de chá de cúrcuma

sal a gosto

500ml/16fl onça de água

6 colheres de sopa de óleo vegetal refinado

Método

- Misture todos os ingredientes, menos o óleo. Cozinhe em uma panela em fogo médio por 40 minutos. Escorra a carne e descarte o caldo.
- Aqueça o óleo em outra panela. Adicione a carne cozida e frite por 10 minutos em fogo médio. Servir quente.

Caril Simples De Carne

para 4 pessoas

Conteúdo

3 colheres de sopa de óleo vegetal refinado

2 cebolas grandes, bem picadas

750 g/1 lb 10 onças de carne, cortada em pedaços de 2,5 cm/1 polegada

1 colher de chá de pasta de gengibre

1 colher de chá de pasta de alho

1 colher de chá de páprica

½ colher de chá de açafrão

sal a gosto

300g/10 onças de iogurte

1,2 litros/2 litros de água

Método

- Aqueça o óleo em uma panela. Frite as cebolas em fogo baixo até dourar.
- Adicione os ingredientes restantes, exceto o iogurte e a água. Frite por 6-7 minutos. Adicione o iogurte e a água. Ferva por 40 minutos. Servir quente.

Gosht Korma

(Rich Carneiro com Molho)

para 4 pessoas

Conteúdo

3 colheres de sopa de sementes de papoila

75g de castanha de caju

50g/1¾oz coco ralado

3 colheres de sopa de óleo vegetal refinado

1 cebola grande, em fatias finas

2 colheres de pasta de gengibre

2 colheres de pasta de alho

675 g de carne de carneiro sem osso, picada

200g de iogurte

10g/¼oz de folhas de coentro picadas

10g/¼oz de folhas de hortelã, picadas

½ colher de chá de garam masala

sal a gosto

1 litro/1¾ pint de água

Método

- Sementes de papoula secas, castanha de caju e coco. Moer com água suficiente para formar uma pasta grossa. Coloque-o de lado.

- Aqueça o óleo em uma panela. Frite a cebola, a pasta de gengibre e a pasta de alho em fogo médio por 1-2 minutos.

- Adicione a manteiga de caju e sementes de papoula e outros ingredientes, exceto a água. Misture bem e frite por 5-6 minutos.

- Adicione a água. Cozinhe por 40 minutos, mexendo sempre. Servir quente.

Costeletas Erachi

(Costeletas de carneiro tenras)

para 4 pessoas

Conteúdo

750 g/1 lb 10 onças Costeletas de carneiro

sal a gosto

1 colher de chá de cúrcuma

1 litro/1¾ pint de água

2 colheres de sopa de óleo vegetal refinado

1 colher de chá de pasta de gengibre

1 colher de chá de pasta de alho

3 cebolas grandes, fatiadas

5 pimentões verdes cortados ao meio no sentido do comprimento

2 tomates grandes bem picados

½ colher de chá de coentro moído

1 colher de sopa de pimenta preta moída

1 colher de sopa de suco de limão

2 colheres de sopa de folhas de coentro, picadas

Método

- Marinar as costeletas de cordeiro com sal e açafrão por 2-3 horas.
- Cozinhe a carne com água em fogo baixo por 40 minutos. Coloque-o de lado.
- Aqueça o óleo em uma panela. Adicione a pasta de gengibre, pasta de alho, cebola e pimentão verde e frite por 3-4 minutos em fogo médio.
- Adicione os tomates, os coentros moídos e a pimenta. Misture bem. Frite por 5-6 minutos. Adicione a carne e refogue por 10 minutos.

- Decore com suco de limão e folhas de coentro. Servir quente.

Carne Picada Assada

para 4 pessoas

Conteúdo

3 colheres de sopa de óleo vegetal refinado

2 cebolas grandes, bem picadas

6 dentes de alho, finamente picados

600g/1lb 5oz carneiro, picada

2 colheres de chá de cominho moído

125g/4½ oz de purê de tomate

600g/1lb 5 onças de feijão enlatado

500ml/16fl oz caldo de carneiro

½ colher de chá de pimenta preta moída

sal a gosto

Método

- Aqueça o óleo em uma panela. Adicione a cebola e o alho. Frite em fogo baixo por 2-3 minutos. Adicione os ingredientes restantes. Ferva por 30 minutos.
- Transfira para um refratário e leve ao forno a 200°C (400°F, Gas Mark 6) por 25 minutos. Servir quente.

Kaleji Do Pyaaza

(Fígado de Cebola)

para 4 pessoas

Conteúdo

4 colheres de manteiga

3 cebolas grandes, bem picadas

Raiz de gengibre de 2,5 cm/1 polegada, finamente picada

10 dentes de alho bem picados

4 pimentões verdes cortados no sentido do comprimento

1 colher de chá de cúrcuma

3 tomates, finamente picados

750 g / 1 lb 10 oz fígado de cordeiro, picado

2 colheres de chá de garam masala

200g de iogurte

sal a gosto

250ml/8 fl onça de água

Método

- Aqueça o óleo em uma panela. Adicione a cebola, gengibre, alho, pimenta verde e açafrão e frite por 3-4 minutos em fogo médio. Adicione todos os ingredientes restantes, exceto a água. Misture bem. Frite por 7-8 minutos.
- Adicione a água. Cozinhe por 30 minutos, mexendo de vez em quando. Servir quente.

cordeiro desossado

para 4 pessoas

Conteúdo

30g / 1oz folhas de hortelã, picadas finamente

3 pimentões verdes bem picados

12 dentes de alho, finamente picados

suco de 1 limão

675g de perna de cordeiro, cortada em 4 pedaços

5 colheres de sopa de óleo vegetal refinado

sal a gosto

500ml/16fl onça de água

1 cebola grande, finamente picada

4 batatas grandes picadas

5 berinjelas pequenas cortadas ao meio

3 tomates, finamente picados

Método

- Moer folhas de hortelã, pimentões verdes e alho com água suficiente para fazer uma pasta lisa. Adicione o suco de limão e misture bem.
- Marinar a carne com esta mistura durante 30 minutos.
- Aqueça o óleo em uma panela. Adicione a carne marinada e frite em fogo baixo por 8-10 minutos. Adicione sal e água e cozinhe por 30 minutos.
- Adicione todos os ingredientes restantes. Deixe em infusão por 15 minutos e sirva quente.

Carne Vindaloo

(caril de carne goesa)

para 4 pessoas

Conteúdo

3 cebolas grandes, bem picadas

5cm / 2in raiz de gengibre

10 dentes de alho

1 colher de sopa de sementes de cominho

½ colher de sopa de coentro moído

2 colheres de chá de páprica

½ colher de chá de sementes de feno-grego

½ colher de chá de sementes de mostarda

60ml/2 fl onça de vinagre de malte

sal a gosto

675g/1½lb de carne desossada, cortada em pedaços de 2,5cm/1 polegada

3 colheres de sopa de óleo vegetal refinado

1 litro/1¾ pint de água

Método

- Moer todos os ingredientes juntos, exceto carne, óleo e água para formar uma pasta grossa. Marinar a carne com esta pasta durante 2 horas.
- Aqueça o óleo em uma panela. Adicione a carne marinada e refogue em fogo baixo por 7-8 minutos. Adicione a água. Cozinhe por 40 minutos, mexendo de vez em quando. Servir quente.

Bife com molho curry

para 4 pessoas

Conteúdo

4 colheres de sopa de óleo vegetal refinado

3 cebolas grandes, raladas

1½ colheres de sopa de cominho moído

1 colher de chá de cúrcuma

1 colher de chá de páprica

½ colher de sopa de pimenta preta moída

4 tomates médios, amassados

675g/1½lb de carne magra, cortada em pedaços de 2,5cm/1 polegada

sal a gosto

1½ colheres de chá de folhas secas de feno-grego

250ml/8 fl oz creme simples

Método

- Aqueça o óleo em uma panela. Adicione as cebolas e frite em fogo médio até que fiquem rosadas.
- Adicione os ingredientes restantes, exceto as folhas de feno-grego e o creme.
- Misture bem e cozinhe por 40 minutos. Adicione as folhas de feno-grego e o creme. Cozinhe por 5 minutos e sirva quente.

Carneiro com abobrinha

para 4 pessoas

Conteúdo

750 g/1 lb 10 oz carneiro, picado

200g de iogurte

sal a gosto

2 cebolas grandes

2,5 cm / 1 polegada raiz de gengibre

7 dentes de alho

5 colheres de manteiga

¾ colher de chá de açafrão

1 colher de chá de garam masala

2 folhas de louro

750ml/1¼ litro de água

400 g de abóbora cozida e amassada

Método

- Marinar as carnes de cordeiro com iogurte e sal por 1 hora.
- Moa a cebola, o gengibre e o alho com água suficiente para formar uma pasta grossa. Aqueça o óleo em uma panela. Adicione a pasta de tomate junto com o açafrão e frite por 3-4 minutos.
- Adicione o garam masala, a folha de louro e a carne de carneiro. Frite por 10 minutos.
- Adicione a água e a abóbora. Asse por 40 minutos e sirva quente.

Gushtaba

(Carneiro da Caxemira)

para 4 pessoas

Conteúdo

675g de carneiro sem osso

6 cardamomo preto

sal a gosto

4 colheres de manteiga

4 cebolas grandes cortadas em rodelas

600g/1lb 5oz iogurte

1 colher de chá de sementes de funcho moídas

1 colher de sopa de canela em pó

1 colher de sopa de cravo moído

1 colher de sopa de folhas de hortelã, esmagadas

Método

- Bata o carneiro com cardamomo e sal até ficar macio. Divida em 12 bolas e reserve.
- Aqueça o óleo em uma panela. Frite as cebolas em fogo baixo até dourar. Adicione o iogurte e cozinhe por 8-10 minutos, mexendo sempre.
- Adicione todos os ingredientes restantes, exceto as almôndegas e as folhas de hortelã. Ferva por 40 minutos. Sirva decorado com folhas de hortelã.

Verduras mistas e carne de carneiro picante

para 4 pessoas

Conteúdo

5 colheres de sopa de óleo vegetal refinado

3 cebolas grandes, bem picadas

750 g/1 lb 10 oz carneiro, picado

50g/1¾oz folhas de amaranto*, finamente picado

100g/3½oz de folhas de espinafre, finamente picadas

50 g de folhas de erva-doce picadas

50g / 1¾oz folhas de endro, picadas finamente

50g/1¾oz folhas de coentro, picadas

1 colher de chá de pasta de gengibre

1 colher de chá de pasta de alho

3 pimentões verdes bem picados

1 colher de chá de cúrcuma

2 colheres de chá de coentro moído

1 colher de chá de cominho moído

sal a gosto

1 litro/1¾ pint de água

Método
- Aqueça o óleo em uma panela. Frite as cebolas em fogo médio até ficarem rosadas. Adicione os ingredientes restantes, exceto a água. Refogue por 12 minutos.
- Adicione a água. Asse por 40 minutos e sirva quente.

Cordeiro Limão

para 4 pessoas

Conteúdo

750g/1lb 10oz cordeiro, cortado em pedaços de 2,5cm/1in

2 tomates, bem picados

4 pimentões verdes, finamente picados

1 colher de chá de pasta de gengibre

1 colher de chá de pasta de alho

2 colheres de chá de garam masala

125 gr de iogurte

500ml/16fl onça de água

sal a gosto

1 colher de sopa de óleo vegetal refinado

10 chalotas

3 colheres de sopa de suco de limão

Método

- Misture todos os ingredientes restantes, exceto cordeiro, óleo, chalota e suco de limão. Cozinhe em uma panela em fogo médio por 45 minutos. Coloque-o de lado.

- Aqueça o óleo em uma panela. Frite as chalotas em fogo baixo por 5 minutos.
- Misture o borrego com o caril e polvilhe sumo de limão por cima. Servir quente.

Pasanda de Cordeiro com Amêndoas

(Pedaços de Borrego com Amêndoa em Molho de Iogurte)

para 4 pessoas

Conteúdo

120ml/4 fl oz óleo vegetal refinado

4 cebolas grandes, bem picadas

750g/1lb 10oz cordeiro desossado, cortado em pedaços de 5cm/2in

3 tomates, finamente picados

1 colher de chá de pasta de gengibre

1 colher de chá de pasta de alho

2 colheres de chá de cominho moído

1½ colheres de chá de garam masala

sal a gosto

200g/7oz iogurte grego

750ml/1¼ litro de água

25 amêndoas moídas grosseiramente

Método

- Aqueça o óleo em uma panela. Adicione a cebola e frite em fogo baixo por 6 minutos. Adicione o cordeiro e frite por 8-10 minutos. Adicione os restantes ingredientes, exceto o iogurte, a água e as amêndoas. Refogue por 5-6 minutos.
- Adicione o iogurte, a água e metade das amêndoas. Cozinhe por 40 minutos, mexendo sempre. Polvilhe com as restantes amêndoas e sirva.

Pimentão assado com linguiça de porco

para 4 pessoas

Conteúdo

2 colheres de óleo

1 cebola grande, fatiada

400g/14oz salsicha de porco

1 pimentão verde, cortado em juliana

1 batata cozida e picada

½ colher de chá de pasta de gengibre

½ colher de chá de pasta de alho

½ colher de chá de pimenta moída

¼ colher de chá de açafrão

10g/¼oz de folhas de coentro picadas

sal a gosto

4 colheres de sopa de água

Método

- Aqueça o óleo em uma panela. Adicione a cebola e frite por um minuto. Abaixe o fogo e acrescente os demais ingredientes, exceto a água. Frite levemente por 10-15 minutos até que as salsichas estejam cozidas.
- Adicione a água e cozinhe em fogo baixo por 5 minutos. Servir quente.

Carneiro Shah Jahan

(Carneiro cozido em Molho Moghlai rico)

para 4 pessoas

Conteúdo

5-6 colheres de sopa de manteiga

4 cebolas grandes, fatiadas

675g/1½lb de carneiro, picado

1 litro/1¾ pint de água

sal a gosto

8-10 amêndoas, esmagadas

Para a mistura de especiarias:

8 dentes de alho

2,5 cm / 1 polegada raiz de gengibre

2 colheres de chá de sementes de papoula

50g/1¾oz folhas de coentro, picadas

5 cm/2 polegadas de canela

4 cravos

Método

- Moer os ingredientes da mistura de especiarias em uma pasta. Coloque-o de lado.
- Aqueça o óleo em uma panela. Frite as cebolas em fogo baixo até dourar.
- Adicione a pasta de mistura de especiarias. Frite por 5-6 minutos. Adicione a carne e refogue por 18-20 minutos. Adicione a água e o sal. Ferva por 30 minutos.
- Decore com amêndoas e sirva quente.

Curry de Frango Simples

para 4 pessoas

Conteúdo

2 colheres de sopa de óleo vegetal refinado

2 cebolas grandes, fatiadas

½ colher de chá de açafrão

1 colher de chá de pasta de gengibre

1 colher de chá de pasta de alho

6 pimentões verdes fatiados

750g/1lb 10oz frango, cortado em 8 pedaços

125 gr de iogurte

125g/4½oz khoya*

sal a gosto

50 g de folhas de coentro bem picadas

Método

- Aqueça o óleo em uma panela. Adicione as cebolas. Frite até ficar translúcido.

- Adicione o açafrão, pasta de gengibre, pasta de alho e pimenta verde. Frite em fogo médio por 2 minutos. Adicione o frango e frite por 5 minutos.

- Adicione o iogurte, o khoya e o sal. Misture bem. Cubra com uma tampa e cozinhe em fogo baixo por 30 minutos, mexendo de vez em quando.

- Decore com folhas de coentro. Servir quente.

Curry Frango Azedo

para 4 pessoas

Conteúdo

1kg/2¼lb de frango, cortado em 8 pedaços

sal a gosto

½ colher de chá de açafrão

4 colheres de sopa de óleo vegetal refinado

3 cebolas, bem picadas

8 folhas de caril

3 tomates, finamente picados

1 colher de chá de pasta de gengibre

1 colher de chá de pasta de alho

1 colher de sopa de coentro moído

1 colher de chá de garam masala

1 colher de sopa de pasta de tamarindo

½ colher de sopa de pimenta preta moída

250ml/8 fl onça de água

Método

- Marinar os pedaços de frango com sal e açafrão por 30 minutos.

- Aqueça o óleo em uma panela. Adicione as cebolas e as folhas de curry. Frite em fogo baixo até as cebolas ficarem translúcidas.

- Adicione todos os ingredientes restantes e o frango marinado. Misture bem, cubra com uma tampa e cozinhe por 40 minutos. Servir quente.

Anjeer Frango Seco

(Frango Seco com Figos)

para 4 pessoas

Conteúdo

750 g/1 lb 10 onças de frango, cortado em 12 pedaços

4 colheres de manteiga

2 cebolas grandes, bem picadas

250ml/8 fl onça de água

sal a gosto

Para a marinada:

10 figos secos demolhados por 1 hora

1 colher de chá de pasta de gengibre

1 colher de chá de pasta de alho

200g de iogurte

1½ colheres de chá de garam masala

2 colheres de creme de leite

Método

- Misture todos os ingredientes da marinada. Marinar o frango com esta mistura por cerca de uma hora.

- Aqueça o óleo em uma panela. Frite as cebolas em fogo médio até ficarem rosadas.

- Adicione o frango marinado, a água e o sal. Misture bem, cubra com uma tampa e cozinhe por 40 minutos. Servir quente.

Iogurte De Frango

para 4 pessoas

Conteúdo

30g / 1oz folhas de hortelã, picadas finamente

30g/1oz folhas de coentro, picadas

2 colheres de chá de pasta de gengibre

2 colheres de chá de pasta de alho

400g/14oz iogurte

200g/7oz purê de tomate

suco de 1 limão

1 kg/2¼lb de frango, cortado em 12 pedaços

2 colheres de sopa de óleo vegetal refinado

4 cebolas grandes, bem picadas

sal a gosto

Método

- Moer folhas de hortelã e folhas de coentro em uma pasta fina. Misture com pasta de gengibre, pasta de alho, iogurte, purê de tomate e suco de limão. Marinar o frango com esta mistura durante 3 horas.

- Aqueça o óleo em uma panela. Frite as cebolas em fogo médio até ficarem rosadas.

- Adicione o frango marinado. Cubra com uma tampa e cozinhe por 40 minutos, mexendo de vez em quando. Servir quente.

www.ingramcontent.com/pod-product-compliance
Lightning Source LLC
Chambersburg PA
CBHW070405120526
44590CB00014B/1264